我要當快樂的媽媽，
也想成為有價值的自己

讓失去自信與夢想的你，
重新找回自我肯定感

哥倫比亞大學心理學碩士 松村亞里 著　　李靜宜 譯

お母さんの自己肯定感を高める本

推薦序

孩子需要的是「懂得自我肯定」的母親，而不是「完美」的母親

曾心怡（初色心理治療所副所長、臨床心理師）

當了母親之後，參加了不少媽媽社團。有團購的，有分享孩子可愛照片的，還有分享各種崩潰畫面的。當然偶爾會看到有媽媽抒發自己快撐不下去的心情，然後在社團中引起許多共鳴。而那些因為家庭和孩子問題被壓到喘不過氣的媽媽，在得到大家的安慰之後，心情似乎就能稍微回復。

成為母親的這項任務，很少有機會可以實習，每一位母親大多是從這世界給予關於「身為母親」的相關訊息，加上原生家庭的教養模式，而形成「母親」這個身

份的印象，直到孩子到了我們的懷抱中之後，便透過嘗試各種行動，以及孩子的回應來學習「如何做一位母親」。

兒童精神分析大師溫尼考特曾提到：「當孩子剛出生時，母親會進入一個放下大部分自我的狀態，來回應嬰兒的需求，這個狀態稱作『原初母性專注』（Primary maternal preoccupation）。」因為母親的放下自我與回應，讓嬰兒得以保有他來到這世界原有的模樣，而形成自我。然而，隨著嬰兒逐漸長大，母親會慢慢地收回自己的投入，讓孩子能夠透過母親些微的放手而養成獨立的能力。因此，孩子真正需要的是「夠好的母親」而不是「完美的母親」。夠好的母親會讓孩子在獨立的過程中，陪伴他承擔挫折並處理挫敗的情緒，而不是時時刻刻完美地滿足孩子的需求。

精神分析與本書運用的正向心理學，不約而同地提出了一項很重要的觀點讓母親來思考：「不顧自己，才算是個好母親嗎？」孩子需要的是母親偶爾鬆手，讓孩子可以習得自己獨立的能力；孩子也需要看到母親本身能夠在生活中獲得滿足與喜悅，進而內化成為他自己的一部分，得以在生活中也能欣賞自己。書中「孩子的幸福，就在媽媽開心的笑容裡」這句話是值得母親們一直放在心裡的箴言。

正向心理學對我來說，是一個可以隨時在日常生活中運用的心理學，透過生活中的實踐，能讓人獲得滿足而愉悅的感受。作者是位母親，也是正向心理學執行師，她分享了讓母親能夠提升自我肯定的十四堂課：包含了感恩、投入在「忘我」的過程、感受當下、運動等。其中也提到一個很重要的觀念：「將『事情』與『悲觀想法』切分開來」。身為母親會有很多擔心的時刻，舉凡孩子生病，學習狀況欠佳，都會讓媽媽們陷入愁雲慘霧中，這時可以提醒自己：「這個是我的擔心，不是事件的本質。」如此一來，就不會老在窮擔心。

還有些媽媽會陷入一種想法：「如果我把注意力都放在自己身上，會不會讓孩子覺得我是不夠好的媽媽？」這本書提供了另一個不同的思考方向，那就是：「我們可以和孩子一起玩。」把自己喜歡的興趣，發想成親子可共同參與的活動，讓陪伴孩子不再是勉強與犧牲，或是得和自己的時間做取捨，我們可以發揮創意，讓自己與孩子共樂共好。重要的是，自己與家庭之間，從來不是全有全無的二分法，懂得創造連結，創造彼此都能展現笑容的回憶，就是同時在關照著自己與孩子。

邀請你們，依循本書的練習，體驗每個當下喜悅的感受。

推薦序

「照顧自己」、「愛自己」，就是一種自我肯定

陳彥琪（諮商心理師）

「媽媽，這個是什麼？」姊姊一路上興奮地指東指西，拉著我的衣角問個不停。

「是夾娃娃機。快點走，媽咪要來不及了。」我看著手錶，距離我前往諮商中心接案還有一些時間，心裡想著待會還可以幫她洗個澡，餵完弟弟喝奶之後再出門工作。

「我可以看一下嗎？拜託、拜託啦～」姊姊用著像是小狗般超萌的眼神，水汪汪地看著我。頓時，我整個人火氣都上來了，心裡想著：「又來了！」我深呼一口氣，明明只有十分鐘的路程，不管是阿公、阿嬤接，還是爸爸接都可以一下子就到家，

偏偏遇到媽媽，這一晃就是半小時，看到小狗也要蹲在路旁看，遇上溜滑梯更是非得溜上兩輪才願意離開。

回到家後，我匆匆忙忙收拾東西，根本來不及餵弟弟，只能急急忙忙出門工作。在路上，我卻為剛剛自己的焦躁與不耐煩感到懊悔——明明是自己說想要接女兒下課，因為難得有空，想製造更多的親子相處時光，怎麼反而浪費掉這樣的好機會，讓僅有的半小時裡充滿了「快點」、「我數到三」這些令人喘不過氣的話語，也難怪孩子的小臉從滿臉期待，垮成了失望與喪氣。

我心中開始浮現自責與挫折的同時，想起了那些在諮商室中與我談話的媽媽們。她們總想著凡事要親力親為，卻常常太過使力，反倒讓先生、孩子感覺壓力好大。這些滿臉倦容的媽媽們常提到：「都是我在管教孩子扮黑臉，孩子卻喜歡跟爸爸還有阿公阿嬤玩。」認為所有的苦差事都是自己在扛，甜柿子卻都是別人撿去吃。

當我們感到過度付出，先生、孩子卻不買單時，自然滿腹委屈，而其他家人看見心裡還有怨懟的媽媽，自然也不好受，全家都會因此陷在低迷的氣氛中，覺得這個家一點也不幸福。

媽媽自己要先放輕鬆，孩子才能自在做自己

當我收到《我要當快樂的媽媽，也想成為有價值的自己》的書稿時，我就迫不急待地翻閱，並被作者在成為母親路上的生涯轉換所觸動，原來我們都很容易太過努力，透過滿足先生、孩子的需求，來認定自己是不是夠好的媽媽，可是犧牲過頭了，不僅自己覺得委屈，就連跟孩子在一起的互動時光，也都變得苦悶不已。但是回顧初衷，不就是為了想好好陪伴孩子嗎？為什麼不能夠讓自己再放輕鬆一點，欣賞孩子的不受控制與天馬行空，細細享受跟孩子相處的每一個當下呢？

每次想到這裡，就不禁感謝先生雙子座調皮的大男孩性格，雖然他對管教一竅不通，常常跟孩子鬧脾氣，卻很享受「玩樂」這件事。他把洗澡、分房訓練的睡前儀式變得有趣，就連餵孩子吃苦苦的抗生素，都能變成創意的親子廚房料理，為此他製作了抗生素糖霜餅乾，還有布丁冰棒！讓孩子不再排斥這些討厭的事物，而像

玩遊戲般樂在其中。我羨慕先生總能與孩子同在，也了解到「媽媽何苦為難自己，有時放手交給先生就對了！」

做得不好也沒有關係

「請問心理師，什麼才是『愛自己』呢？」

這是很多人會問我的話。我們常常想著要自我照顧，就開始安排逛街購物、吃大餐、做SPA，心情好似可以藉此稍微紓壓一下，但是回到家後，心裡仍然感到悶悶的，甚至一個人時更感到空虛；而在書中，作者給了我們很好的答案，我們總說「自我照顧」、「愛自己」，其實核心的意義就是「要自我肯定」。

試著想想，面對我們的孩子，不論高矮胖瘦，在媽媽的眼中都是最可愛的小寶貝，走路有點笨拙也沒關係，那都是他開始探索這個世界最好的痕跡。那麼，換成對待我們自己呢？

我不會下廚，對孩子的功課也常一竅不通，難道就代表我是個不夠愛孩子的好母親嗎？

不是的，孩子還是很喜歡跟我一起吃飯，笑著說：「我都快餓扁了，媽媽煮什麼我都想吃！」又或是親子一起寫作業的時候，孩子會糾正連肝膽腸胃位置都搞不清楚的我，大笑說著：「媽媽真糊塗！」看著孩子對我展開燦爛的笑臉，我也告訴自己：「做得不好也無妨，我也喜歡那樣的自己。」無須什麼條件，或是滿足誰的期待，我都值得被愛，這樣的想法才是真正的愛自己。

本書想帶給讀者們最重要的概念，就是要提醒每一個將全部心力都放在孩子、先生或家庭的疲憊媽媽們，先回頭看看自己。當我們將自己的幸福擺在第一順位時，家中的每一個人才會感受到幸福。

在書裡的十四堂課中有簡單的小練習，可安穩地承接媽媽們躁動不安又自責無助的情緒。這些小練習，不是教導媽媽們該如何成功地相夫教子，相反的，是透過感受當下、自我覺察、正向思考、積極行動等方式，幫助媽媽們一步一步地照顧自己，溫柔地、細膩地重新貼近我們心底的需要，並時時刻刻提醒女人們，我們都要好好的自我疼惜，別再吝惜給自己一個深深的擁抱。

如果你也在育兒路上感到迷惘徬徨，請翻翻這本書，透過自我療癒的練習，傾聽內在並自我肯定，漸漸找回值得被愛的自己。

前言

「我喜歡我自己！」能這麼說的孩子很幸福

自我肯定感是通往幸福的不二法門

「你喜歡自己嗎？」

這麼問孩子時，如果他們能充滿自信地回答：

「嗯，我喜歡自己喔！」

「我覺得自己很棒！」

相信沒有任何事會比聽到孩子這麼說更令人開心。

孩子會說「我喜歡自己」、「我覺得自己很棒」，表示他們能完全接納自己、肯定自己，感到滿足與幸福。

父母對孩子最終的盼望，就是他們能幸福。所有母親都期待自己能養育出能自我肯定的孩子。

覺得自己「這樣很好」，表示能自我肯定。有很多媽媽會說：「我希望孩子能更肯定自己，對自己更有信心，但不知道該怎麼做。」不過，要是媽媽也為自己本身的自我肯定感很低而煩惱，這種情況應該更常發生。

其實，一路走來，我的自我肯定感就猶如雲霄飛車般忽高忽低。我在單親家庭長大，國中畢業就沒再升學，靠著打工餬口。那時，我對自己的肯定感真的是低到不能再低，甚至覺得自己卑微如一隻小蟲，什麼事都辦不到。我還記得，我曾經不知道跟別人聊天該說什麼的時候，還把一個略有名氣的熟人拿來當話題。那是因為我沒自信，所以想藉著他的名氣來讓自己看起來好像很厲害的樣子。

後來，我在母親的建議下，進入準看護學校及通信制高中[1]就讀，累積了一點小小的成功經驗，也稍微培養出自信。之後，我帶著存款兩百萬日幣遠赴美國，進入語言學校、短期大學就讀，接著也完成大學和研究所學業。在美國的這段期間，我覺得自己已經完全克服難以肯定自我的問題。

然而，回日本沒多久，我就發現那些自我肯定感全是假的。特別是在育兒時遇到的挫折，讓我的信心徹底瓦解，再次徘徊在人生的低谷中。那陣子，我真的對孩子做了很糟的事。我不但沒辦法肯定自己，甚至還將覺得自己不夠好的挫折感加諸在孩子身上。

之後，由於我先生工作的關係，全家人再次赴美。那時，我彷彿身處在看不見盡頭的隧道中，抱著姑且一試的心態學習了正向心理學，結果我有了極大的轉變。

從中我學到，真正的自我肯定感並不會輕易崩解。這使我對待孩子的方式也有了很大的轉變，我切身體會到：**想要孩子幸福，媽媽的自我肯定感非常重要**。

1 日本準看護學校培養的人才，是準看護師（相當於台灣的助理護士、護佐）。通信制高中相當於台灣的函授高中。

什麼才是真正的幸福指標？

你認為，世人是以什麼做為幸福的指標？學歷、收入、社會地位、美貌、年紀——很多人都相信這些指標能帶來幸福。這是因為：

有錢就能做任何想做的事。

學歷出色，就能進知名企業工作。

聽別人誇讚自己是美女，也會讓人很開心。

然而，這些所謂幸福的指標，都是與他人比較得來。所以只要出現更有錢的人、學歷更高的人、更漂亮的人，我們的幸福就會崩解。這些指標帶來的幸福感，其實極為短暫。

媽媽們大多都累積了豐富的人生經驗，所以應該可以確實感受到，透過跟他人比較帶來的幸福不過是曇花一現，也經常伴隨著不安。我想，媽媽希望孩子得到的幸福是更長久確實，而不是短暫虛妄的。

當孩子「覺得自己很棒」，也會持續感受到幸福。只要能擁有「自我肯定感」，便可實際體會到內心不斷湧出的幸福快樂。所以媽媽也必須先提升自我肯定感，孩子才會充滿自信。

媽媽要幸福，就從這裡開始吧。

二〇二〇年一月

松村亞里

目錄

第1章

能肯定與喜歡自己，是母親給孩子最好的禮物——媽媽快樂，孩子就幸福

第2章

提升自我肯定感，可以這樣做！
——讓媽媽變幸福的14堂課

第3章

對自己好一點，讓你更能肯定自己
——給自己一個大大的擁抱

第1章

能肯定與喜歡自己，是母親給孩子最好的禮物——媽媽快樂，孩子就幸福

有條件和無條件的自我肯定

前言提到「自我肯定」是獲得幸福很重要的因素。不過，雖然經常聽到「自我肯定」這個詞，但它到底是什麼意思？又該如何培養？現在，我們就來找出答案吧！

「簡單來講，自我肯定就是喜歡自己，覺得自己很棒吧？」的確是這樣，不過，「覺得自己這樣就很好」的心態，會更接近自我肯定的定義。事實上，「覺得自己很棒」和「覺得自己這樣就很好」有著不同的含義。

我希望媽媽們能知道，孩子培養出的自我肯定感會有不同的類型，他們所感受到的幸福也會因此而有天壤之別。

類型1 「覺得自己很棒」——「有條件」的自我肯定感

我們常見的狀況是「我的表現比別人好」、「老師給我很高的評價」，藉由和他人比較而獲得自我肯定感。

不過，這些是屬於有條件的自我肯定。

如同前言所述，一旦出現更厲害的人，或是由於失敗而導致評價變差等，只要被人讚賞的因素稍有變化，這種充滿自信的感覺就會受到強烈衝擊而消失，甚至轉變成「自我否定」，是十分不穩定的狀態。

類型2 「我這樣就很好」——「無條件」的自我肯定感

這是無須任何條件，不必和他人比較的自我認同，是能喜歡、並且包容既有優點也有缺點的自己，也不會輕易就演變成自我否定的狀態。

正因為沒有人是完美的，所以能相信自己「無論是什麼樣子都很好」。

即使有人比自己出色，比自己漂亮，或是自己搞砸什麼事，都沒關係。這種自我肯定感仍不會因此動搖，非常穩定而牢固。

媽媽希望培養孩子具備的自我肯定感，應該都是類型2的「無條件的自我肯定感」吧。也就是不論自己是什麼樣的人，都能自我認同。

能無條件自我肯定的人在面臨失敗時，不會一蹶不振，反而能夠愈挫愈勇，跌倒了再爬起來繼續前行。

相信媽媽們都想讓孩子擁有這樣的堅強與韌性。但如果媽媽不知道自我肯定分成上述這兩種類型，並適當引導孩子，恐怕會將這兩者混而為一。

比如，明明是想讓孩子接納自己，卻說出自以為是鼓勵孩子的話，結果反而加強了類型1的「有條件的自我肯定感」，像這樣的事經常發生。

♥讚美孩子的NG說法

比方說，孩子考一百分時，你是不是會這麼說？

「你考一百分好棒喔！」、「不愧是〇〇，好聰明，你是天才！」、「你比△△還棒喔！」或許有很多媽媽認為，這樣的鼓勵與讚美可以提升孩子的自信心，所以會刻意以類似的話語來誇獎孩子。

不過，「考一百分等於聰明」這種話，可能會培養出孩子「有條件的自我肯定感」，讓他們認為如果考試沒考滿分就等於自己不聰明、不厲害、沒有價值。

孩子若是覺得「因為我很聰明，自己才有價值」，那麼他恐怕就無法忍受挫折，也會害怕失敗。所以，我建議不要讚美孩子的能力與事情的結果。

說到這裡，我想或許很多父母會懊惱說：「啊，我以前就說過這種話耶！真是糟糕！」或是疑惑：「那到底要怎麼稱讚孩子啊？」

其實，若想要提升孩子的自我肯定感，並不用特別去誇讚他們的能力，也無須在乎最終的結果。在接下來的章節，就讓我們依序來看這些方法吧。

守護小語

即使孩子不夠聰明也沒關係。告訴孩子，無論在任何情況下都要喜歡自己，肯定自己。

培養自我肯定感的三要素

從勇於嘗試改變開始

美國心理學家羅伊．鮑麥斯特（Roy Baumeister）統整了與自我肯定相關的大量研究，並整理出會影響自我肯定感的三個重大的要素：自我效能、良好親子關係和幸福。

「自我效能」，是指一個人能否運用自身的能力，相信自己可以做到某些事、以及達成目標的程度，對我們能否嘗試付諸行動的影響最大。這是由於自我肯定是大腦中的一個感覺，自我效能則是體現自我肯定感的行動。

如果自我效能高，便能增強行動力。藉由累積小小的成功經驗，讓自己覺得「只

提升自我肯定感的三要素

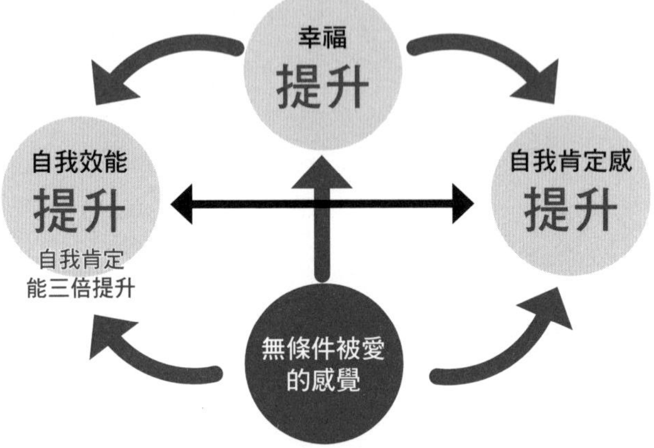

要努力，應該就能成功」的信心。另外，它也能使我們更重視自身的努力、專注力以及投入的時間，而不是只在乎能力或結果。

以我來說，在自我肯定感低落時，我會先提高自我效能。畢竟，比起要調整心情去覺得「我很棒」，先嘗試眼前的小事比較容易做得到。

當年考準看護學校時，我向朋友借了高中的教科書從頭讀起，我還記得當時我懷抱著「說不定我只要努力就能考上」的希望。

提升自我效能的方法有很多，細節請

參考我另一本著作《培養孩子的自我效能》（子どもの自己効力感を育む本）。就親子教養層面來說，父母只要留意對孩子說話的內容，那麼孩子就算失敗了也能毫無畏懼，還能再次勇敢接受挑戰，父母也不必擔心孩子們會喪失鬥志。但假使大人對孩子說的話不太適當，或許就會讓孩子缺乏安全感，也害怕接受挑戰，這點父母與老師必須特別留意。

父母親無條件的愛，能給孩子力量

良好親子關係也具有相當大的影響力，從右頁的圖來看，這對自我效能、自我肯定和幸福三者都有影響。

孩子會覺得「不用跟任何人比較，我自己就很好」、「我的存在是有價值的」，是因為他感受到父母無條件的愛，確實相信自己是個有價值的人。因此，他們也能毫無條件地愛自己。這是再自然不過的事。

詩人谷川俊太郎有句話說：「母親給了我一二〇%的愛。光是『我存在』這件事，就有其價值，所以我不用費心去想著自己一定要會做什麼事。由於我不必為自己爭取什麼，所以自然就會想著要為他人做些什麼。」

不過，父母並非是完美的人，而且孩子在家庭以外的環境，也可能會接收到「你很差勁，你不夠好」之類的負面批評，所以即使親子關係良好，孩子也有很多機會會覺得自己很糟。

這時能讓人可以繼續保持自我肯定的，就是自己創造幸福的能力。心理健康的人，更懂得自我肯定。由此可知，提升自我肯定感的第三個要素就是「幸福」。

守護小語

當孩子能獲得無條件的愛，自我肯定感就不會受到動搖。

用言語及行動對孩子表達愛意

我在著書《世界通用的育兒法》（世界に通用する子どもの育て方）中，介紹了許多培養良好親子關係的技巧。其中最重要的是，父母要確實讓孩子知道「自己的存在很重要」這件事。在這裡我列出其中的四個方法。

一、說能肯定孩子的話

「我最喜歡你喔。」
「你很努力呢。」
「我相信你喔。」
「你是媽媽的寶貝。」

當孩子能聽到父母這麼說，肯定會很開心，很自豪。而且要讓孩子完全接受真實的自己，父母就必須這麼做。

反之，如果父母總是一味地批評孩子，會讓他們充滿負能量，產生自我否定感。

「你很糟糕！」

「你為什麼總是這樣！」

「我講了多少遍，為什麼你還是做不到！」

被最愛的媽媽不斷指責，孩子當然會感到自卑，覺得自己不夠好。

雖然媽媽要做到完全不批評並不容易，但為了孩子幸福的人生，請稍微忍耐一下，多花點心思在與孩子的溝通上。這樣也能讓孩子感受到，媽媽的指責批評是出於「愛」，也更能感受到媽媽的愛。

二、說能同理孩子的話

當孩子在鬧彆扭、耍脾氣時，可以這麼跟他說：

「你很生氣吧。」

「失敗了，你很懊惱吧。」

孩子正在面對自己難以接受的負面情緒時，父母若能主動同理孩子的心情，他們就能認同自己當下的狀態並且願意接受它。

三、父母犯了錯，也需要向孩子道歉

「對不起，是媽媽不對。」

父母犯錯時，只要坦然跟孩子道歉就好。有些家長對於跟孩子道歉會有點抗拒，但這麼做，能清楚讓孩子感受到你對他的愛。

有些事平常你並不會太在意，但因為經前症候群或在睡眠不足的情況下，卻會使你勃然大怒。這種時候，與孩子的問題相比，你的身心狀態才是問題所在。

不過，在孩子心中，父母是絕對的，於是他們會將父母的怒氣解讀為是自己的錯，然後更否定自己，覺得自己是個很糟糕、很差勁的人。

所以，當孩子明明沒錯而你卻無故失控發飆時，請在事後好好跟孩子道歉，並傳達你對他的愛：「對不起，媽媽是因為太累了才對你態度不好」、「媽媽是太擔心你，所以才會生氣」。

如此一來，孩子也能從母親的道歉中學到「每個人都會犯錯」、「每個人有好的一面，也會有不好的一面」，這會讓孩子在潛移默化中學習到，該如何接納自己的錯誤，並且犯錯時要懂得勇於認錯。

四、親子間的身體接觸能產生親密感

創造跟孩子相處的時間也很重要，像是可以和孩子一起下廚做菜，或是玩撲克牌之類的遊戲，或者一起運動、念書等。

孩子在身邊的時候，你可以抱抱他，讓他坐你腿上，或是搔他癢，牽他的手，背他等，來點身體接觸。

透過身體接觸，可以縮短彼此間的距離，更能確實傳達出你對他的愛。

守護小語

要確實將「你是很重要的人喔」這樣的想法傳達給孩子。

想給孩子很多愛的媽媽，自己要先快樂

我認為大家都能自然透過言語、相處以及身體接觸，對孩子傳達出無條件的愛。不過，也一定有做不到的時候。做得到和做不到的情況，結果會有何不同呢？

吼完孩子後又懊悔的惡性循環

媽媽能深切感受到自己對孩子的愛，是在從容悠閒的時候，對吧？這種時候，媽媽比較容易將想法透過話語及行動傳達出來。然而，只要媽媽忙得團團轉，就會感到焦慮、慌亂，只要一點小事不如意，就容易對孩子大發雷霆。我以前也是這樣，所以很清楚這種情況。

「你不知道我現在正在做家事嗎！」

「你不要太過分喔！」

「你很吵耶！」

「我這是為你著想耶！」

每當跟孩子這麼說之後，媽媽便會感到後悔，但又無法發自內心坦然道歉，因此只能在孩子睡著時，在床邊看著他的臉默默自責流淚。

每位媽媽都是如此認真努力地想做個好媽媽，但結果卻是讓人挫折連連，很多來找我的媽媽都有這樣的悲嘆。

孩子的幸福，就在媽媽開心的笑容裡

要減少媽媽的焦慮、憤怒和眼淚，以及想建立良好親子關係，並向孩子表達出無條件的愛，先決條件是媽媽自己要有「幸福和笑容」。

要提升孩子的自我肯定感，必要條件就是媽媽要覺得幸福。「媽媽的幸福」能形成愛的循環。

在我焦慮生氣時，女兒經常會跟我說：「媽媽，笑一個嘛！」還會用雙手將我的雙頰往兩邊拉。我笑了之後，女兒又會說：「啊，媽媽笑了，媽媽笑起來最好看喔！」女兒體貼的做法讓我覺得很自責，而開始省思自己的情緒，真的是會左右孩子的心情，不可不慎。

我曾聽過一種說法：「孩子是為了讓父母幸福而誕生的。」但我覺得其實孩子真正最大的願望，應該就是希望媽媽能幸福快樂吧？正因如此，媽媽不能不快樂。

媽媽如果不快樂，看起來悲傷或憤怒，孩子就會一直為了想讓媽媽快樂而努力，無法活出自己的人生。為了讓孩子可以活出自己的精彩，媽媽也要讓自己露出笑容。

守護小語

培養孩子自我肯定感的先決條件，是媽媽自己要先覺得快樂。

你是不是朝著幸福的反方向走去？

我是心理學家，也有兩個孩子。我以自己的育兒經驗為基礎，進行過許多關於「親子如何互動才能讓孩子幸福」的研究。

為了孩子，總把自己擺最後

很多上過我課程的學生或電子雜誌讀者會給我一些回饋，其中最多的反應是：「學習正向心理學最棒的一點，是接受不完美的自己也可以很幸福。」

不論在單身時是多麼只為自己設想、總是把自己排在第一順位的人，一旦成為母親，自然而然就會產生犧牲奉獻的精神，很神奇吧！為了孩子，可以把自己擺在後頭。所以，當孩子還是襁褓中的嬰兒時，媽媽就開始無法好好吃飯、睡覺，甚至也不能好好上廁所，孩子就是自己生活的唯一重心。而且有很多母親覺得這種觀念是對的，所以就這麼身心俱疲地照顧孩子下去。

好媽媽，不會忘記照顧自己

媽媽們總是認為「犧牲自己照顧孩子是天經地義的事」，即使孩子長大後，這種想法也還是沒變。好吃的東西要先讓孩子吃，孩子的願望也都讓他們予取予求。媽媽就是要捨棄自己的需求與感受才是好母親，這種觀點似乎深深刻印在女性的DNA裡難以抹滅。

但真的是這樣嗎？為孩子、為家庭犧牲奉獻才算是好媽媽嗎？我認為，「身為母親，就一定得怎麼樣」的論點，只是讓媽媽受苦，過得更不開心而已。

當年，我先生為了攻讀博士班，全家移居美國。他除了博士班課程外，也在大學擔任全職講師。我為此辭去工作，成為家庭主婦。當時我跟先生說：「你很辛苦，所以家裡的事全都交給我吧。」就此一肩扛下夫妻一起分擔的家事和育兒工作。

我這麼做的目的，是要透過對先生和孩子的無私奉獻來證明自己存在的價值，所以才想盡辦法滿足他們生活各方面的需求。

當時家裡經濟負擔很重，我連一張能讓自己好好休息、睡個覺的床也沒買，每天就和孩子擠在一起睡。最後，我終於心力交瘁，在某件事情爆發後，便對孩子和先生大發雷霆：「我為了你們付出這麼多，你們卻不知道我的苦心！」

事後，我先生跟我說：「我還是想跟你一起照顧孩子，分擔家事。否則，我會不知道你為我們這個家這麼努力的意義。」他的話讓我感動不已，也決定停止犧牲自我，直到現在我們也是一起分擔家事。

我很喜歡「碎形」（fractal）這個詞，它的意思是，即使是整體中的一個小碎片，也是構成整體重要且不可或缺的一部分。所以同理可證，媽媽的幸福就是全家的幸福，也是整個社會的幸福。幸福的概念就和「碎形」是一樣的。

由此可知，只要你犧牲了自己，沒有好好照顧自己，就無法創造出幸福快樂的家庭與社會。

快樂的媽媽，才有更多的能量愛家人

「家人的幸福最優先，自己的事先暫擱一旁無妨。」

「要是先考慮自己的幸福，別人一定會認為我很任性。」

「如果先重視自己的需求，就是壞母親。」

這些想法，都跟幸福完全背道而馳。

你要不要試著從今天開始、現在開始，放下這些觀點，先做能讓自己幸福快樂的事呢？我希望身為母親的你，不要將自己的幸福擺在後面，而是放在第一位。

因為，你的幸福會帶給孩子、先生、家人、朋友等與你相關的所有人幸福。不要懷疑，這也是經過科學證明的事實！

守護小語

請容許你自己變幸福。因為媽媽幸福，全家人也會感到幸福。

幸福會傳染

美國加州大學聖地牙哥分校的詹姆斯．佛勒（James Fowler）教授在研究中驗證了一個事實：「幸福具有傳染力」，很有意思吧！

如果你能從自怨自艾的負面心態，轉變為幸福快樂的正面心情，這份幸福的傳染力，甚至會往外擴及你朋友的朋友的朋友呢！

有快樂的妻子，就有快樂的人生

當你感覺幸福，連鄰居也會受到正面影響，幸福的機率可提升三四％。只是鄰居，就能提升這麼多。若是你的好朋友，幸福機率則會提升六三％。那如果是你的孩子又如何？可能就不只是提升六三％而已，或許會趨近一〇〇％。

幸福會迅速擴散

個人的幸福，甚至會影響到朋友的朋友的朋友

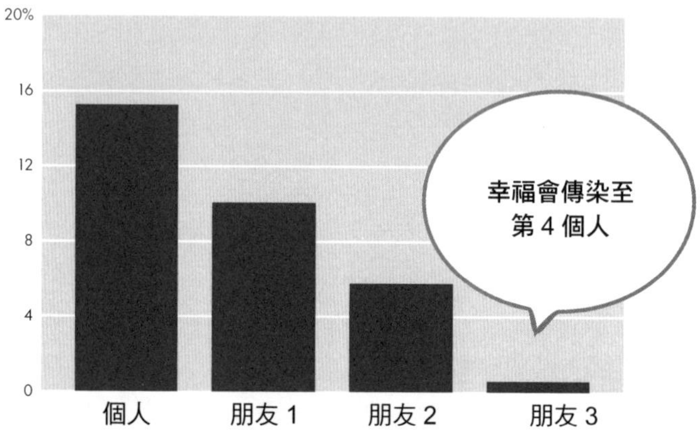

當你感到幸福之後，周圍的人能感受到幸福的比率

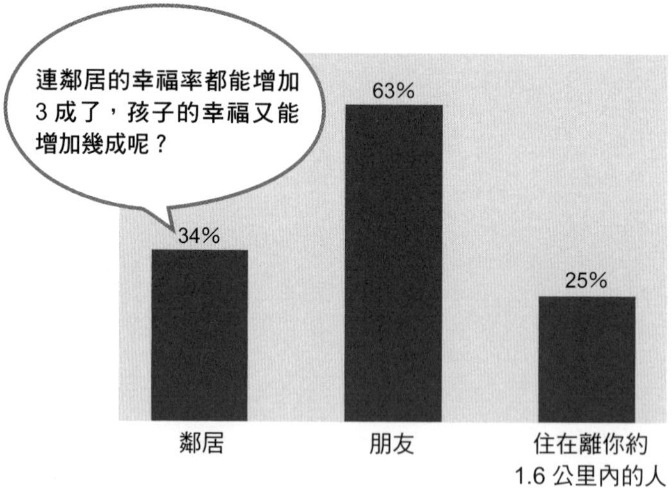

在美國常聽到一句俗諺說：「有快樂的妻子，就有快樂的人生。」（Happy wife, Happy life）意思就是說，若妻子（或母親）感到幸福，全家人也會擁有幸福的人生。

現在你已經明白「媽媽真的可以追求自己的幸福」。對於這一點，完全無庸置疑。如果期待孩子幸福，媽媽就要先感到幸福，而且你也一定要幸福。不論是孩子的幸福或自我肯定感都一樣，全與媽媽的幸福和自我肯定感密不可分。

不論是正走在育兒路上的媽媽，或已經完成教養任務的母親，請你們都告別過去犧牲自我的生活方式，徹底追求自身的幸福。

不只幸福，也能增加自我肯定感的方法

為了讓自己幸福快樂，你想做些什麼事呢？吃大餐？穿名牌的衣服？來趟豪華旅行？這些計畫聽起來都很棒。不過，如果是超出你日常生活水準的豪華享受，當然就無法一直持續做下去。

就算你覺得自己做了比別人厲害的事，沉浸於滿足感和優越感中，但那也是在當下那一瞬間，只能帶來一時的快樂。

能讓幸福持久的方法到底是什麼呢？第二章介紹的十四堂課，就是能讓媽媽擁有長久幸福快樂的方法。我是以正向心理學的研究證據為基礎，再加上許多媽媽們實際感受到的幸福體驗，而設計出這些課程。

課程有三種效果。由於課程的目的是引領媽媽去關注「自己已經擁有的事物」，而非「欠缺的事物」，所以能減少自我否定感，增加自我肯定感，對人生感到滿足。這十四堂課還能讓你完全接受自己，覺得「這樣的我就很好」，並實際感受到幸福。

誠如前面所說，一旦自己變得幸福，那份幸福也會傳染給周遭的人，因此，也能讓孩子看到你自己是如何創造幸福，或者之後也能將同樣的方法運用在孩子身上。

每個課程都有設計一至兩份學習單，請依照說明填寫，或是也可以放大影印後，寫在紙上。用文字書寫後，你會體驗到令人喜悅的發現與改變。你或許更能心懷感謝；找到能樂在其中的事；思考模式可由悲觀轉為樂觀；和重要的人關係變得更緊密；在財務上更有一套想法等等。

看到這裡，你現在是不是已經躍躍欲試了呢？請你盡情享受，填寫這些學習單的樂趣吧！

我想當你完成十四堂課與體貼自己的課程之後，你一定會比現在更幸福，也能自然體會到「這樣的我就很好」的狀態。

守護小語

媽媽的幸福能百分百傳染給孩子，甚至是身邊的每一個人。

第2章

提升自我肯定感，可以這樣做！

——讓媽媽變幸福的14堂課程

檢測你的幸福指數

本章一共介紹十四個課程。在進入課程前，請利用左頁的幸福習慣評量表，確認你在十二個項目中的滿足程度。

請在評量表上，標出你現在對各個項目的滿意度，然後將十二個點連成一個十二邊形。接著請想一想，該項目的點還能提升到哪個位置比較好。再用另一種顏色的筆將滿意度較低的點往上移至你心中的理想位置，對於已經感到滿足的項目，也可往上調整，藉此描繪出符合你理想的十二邊形。

這張評量表上所列出的項目，是我從研究中整理出我覺得重要的十二種要素；這些習慣能提升並延續幸福。

說到幸福，我們經常只想到心靈層面的狀態，但其實除了心靈健康之外，其他更重要的條件還包括身體健康、擁有良好的人際互動，以及做讓人覺得有意義的工

幸福習慣評量表

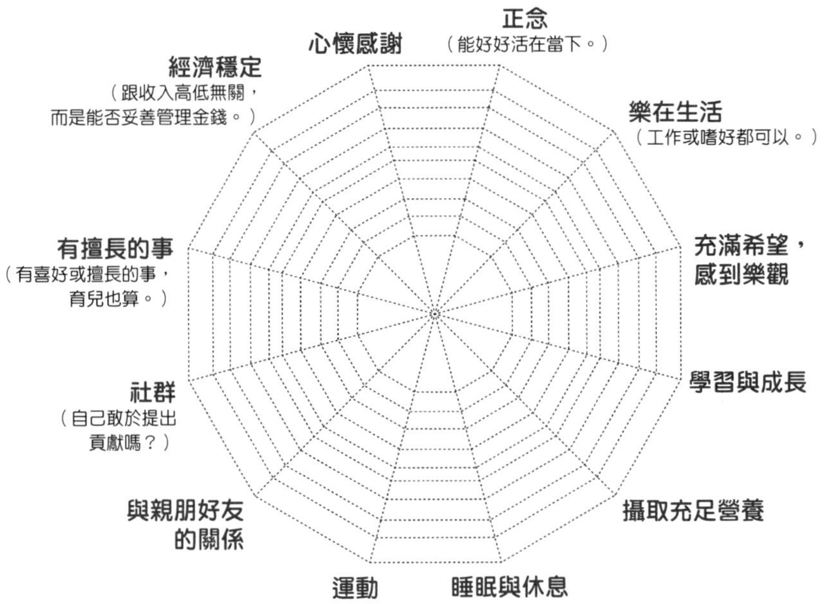
正念
（能好好活在當下。）
樂在生活
（工作或嗜好都可以。）
充滿希望，
感到樂觀
學習與成長
攝取充足營養
睡眠與休息
運動
與親朋好友
的關係
社群
（自己敢於提出
貢獻嗎？）
有擅長的事
（有喜好或擅長的事，
育兒也算。）
經濟穩定
（跟收入高低無關，
而是能否妥善管理金錢。）
心懷感謝

作。這裡的「工作」，指的是我們每天會花許多時間所做的事。所以，對全職媽媽來說，育兒就是一件非常了不起的工作。

在心靈、身體以及社會關係（人際互動與事業）上，若各項都能取得高度平衡的良好狀態，就稱為「安適感」（Well-being），這能讓人感到幸福，但重點是要「取得平衡」。不過，不用追求所有項目都拿滿分，請以提升幸福感為前提，取得這十二邊形的平衡。

本書最後還有一張空白的幸福習慣評量表，請在完成十四堂課後再做一次。看看那時候的平衡狀態跟現在會不會有所不同，結果很令人期待呢！

第1堂課

找出值得感謝的事

對人致謝，不只能讓對方開心，表達謝意的人也會感到很愉快。你一定也有這種經驗吧。

常懷感謝之心的人，與漠視他人好意的人相比，會覺得更幸福，更有勇氣，也更能正面思考。這是由於感謝之心能化解負面情緒，所以愈常心懷感激的人，愈不會感到不安、沮喪、嫉妒與孤獨。

愈感謝，愈幸福

能增加幸福感的感謝方式，是自己主動找出可以感謝的事，並將感激之情具體表達出來。

「謝謝你在那項工作上幫了我大忙。」

「謝謝你幫我照顧小孩。」

在得到他人幫助，感受到他人的貼心時，將謝意訴諸具體的言語表達出來，就能對自己所獲得的一切充滿感激，也更能產生幸福的感覺。

即使並非從別人那裡獲取任何東西，單純抱持著感激的心也能讓幸福感增加。例如，感謝有美味可口的飯菜、感謝今天也能順利平安度過、感謝某個人的存在等，在日常生活中找出可讓自己心懷感激的事，每天就會充滿幸福。

人比較容易注意到自己「缺乏」的事物。不過，如果能發現已經「擁有」的一切並懂得感恩，自然會減少對物質的依賴、與他人的比較心，以及「認為好事都是理所當然」的心態。

另外，仔細檢視自己「擁有的東西」，會意識到自己從身邊的人其實已得到不少收穫，自己也做出相當多的貢獻與成果。如此一來，就能提升自我肯定感和自信，心中也充滿幸福喜樂。

對於「能呼吸」也要充滿感激

在這裡，我來說一下自己的體驗。

曾經有朋友帶我去上瑜伽課。上課時，老師這麼說：

「你要感謝自己今天能在這裡做瑜伽。」

「你要感謝自己能呼吸、能活動身體、能站在瑜伽墊上。」

連這些事都要感謝嗎？我大吃一驚。老實說，我當時並不以為然（笑）。

感謝自己能呼吸——如果連這一點都心懷感謝，就不會覺得自己擁有的一切都是理所當然的事，而是種奇蹟。若抱持這樣的心態，從一早醒來，就會感到很幸福。

事實上，那位老師就是因為覺得自己實在太幸福了，所以總是笑容滿面。

要一下子就做到「感謝自己能呼吸」的程度，我覺得比較困難。不過，只要透過練習，任何人都能提升心懷感激的層次。

擅於感謝，即是擅長幸福

提升感謝層次的練習，是每天寫下「三件好事」，並且持續進行一星期。

要是覺得今天沒什麼特別的好事，就請寫出情況還算不錯的事。事實上，有能力找出許多「還不錯的事」很重要。如果將「非常棒的事」當成「好事」的標準，最後就會不知道要寫什麼，畢竟讓人感覺超棒的事不是天天都會發生。

以我為例，說到「非常棒的事」，應該就是「出書」吧！不過，這種非常態的事，大部分日子裡根本不太會發生。因此，我們要練習的是，即使是非常平凡的事，仍要找出值得感謝與幸福的地方，不要視為理所當然。

剛開始可能會覺得有點難，或許有人會說：「我都想不到有什麼好事。」即使如此也無妨。只要你想著「一切都很好」，那麼你就能漸漸發現好事，比如：「很慶幸我先生身體健康」、「今天我在咖啡廳喝到的咖啡很好喝」、「我打電話回娘家陪媽媽聊一下天」等。這是好事、那是好事，所有的一切都是好事。如果你一一細數值得感謝的事，就能提升幸福感。

只要持續實行七天，你就能不斷找到那些隱藏在日常生活中感謝與幸福的種子，日後它們也會發芽、茁壯，在你的生命中開出美麗的花朵。

從想像的情境開始改變

來參加課程的M女士，和朋友以e-mail的方式「每天寫下三件好事」，並持續三個月。聽說在這過程中，即使她不覺得有什麼好事發生的日子，還是會找出三件或甚至近十件好事。

M女士後來給了我以下回饋：

「任何事物都有正面和負面兩個面向，我現在已經能以正面積極的角度來看待事物了。我體驗到正面的意義與價值。我心存感謝，對萬事萬物都充滿感恩之情。」

大腦為了減少能量耗損，會讓我們只看見與腦中存在事物（例如：感覺、想法、情境等）相同的現實。所以，如果相信「生活中總是會有好事發生」，大腦就會自然讓我們去注意好事。找出值得感謝的事，就能看見可以讓你感謝的事。就是這麼簡單！

學習單① **心懷感謝的一週**

- 在左欄寫下今天發生的「三件好事」。
- 從三件好事中選擇一件，在學習單右欄寫下好事發生的原因，以及自己當時做了什麼事。

重點

- 大腦會讓我們看見跟內心所想相同的事物，所以找出可感謝之事，就能提升對幸福的感受。
- 你也可以運用填寫學習單的方法，寫在筆記本或日誌上，或是發文在社群網站上。當然，如果能跟孩子一起分享也很棒。

【學習單①】心懷感謝的一週

第一天／ ● ● ●	
第二天／ ● ● ●	
第三天／ ● ● ●	
第四天／ ● ● ●	
第五天／ ● ● ●	
第六天／ ● ● ●	
第七天／ ● ● ●	

- 書寫的最佳時間點是睡前，這樣能讓你帶著幸福快樂的感覺入眠。感覺幸福時，大腦會分泌血清素，能轉化成助人一夜好眠的褪黑激素。我曾經有在寫下第三件好事前就睡著的經驗（笑）。

學習單② 課後回饋單

- 持續記錄一週後，你有何感覺？
- 第一天和第七天感謝的內容有何不同？
- 請回顧自己之前所寫的內容。你是否發現自己容易因為什麼事覺得幸福呢？

【學習單②】課後回饋單

- 持續記錄一週後，我有何感覺？

- 第一天和第七天感謝的內容有何不同？

- 回顧自己寫的內容，我容易因為什麼事覺得幸福？

第2堂課

欣然接受別人的感謝

找出可感謝的事，以提升感謝層次的同時，我們也要欣然接受他人的謝意。樂於接受別人的感謝，能讓對方開心，也能加深彼此的情誼。

過度謙虛客氣，別人不會開心

A女士曾給我很棒的回饋：

「以前，別人跟我道謝時，我不會覺得理所當然，反而會告訴對方：『這根本沒什麼，我一直受你照顧啊！』收到禮物之後，我也會立刻回禮。我怕如果不禮尚往來，別人就會討厭我。不過，當我決定欣然接受別人的謝意後，我的想法和行動也有了改變。別人跟我道謝，我會高興地接受，也跟對方點頭致意，對方就會覺得很開心。這樣做，讓我能實際感受到別人的友善，也更能自我肯定，連開心的事以及與他人產生的連結都變多了。」

欣然接受謝意的訣竅

面對他人的感謝，只會客氣地說「沒有啦」、「這沒什麼」的人意外的多。如果無法坦然地接受他人的感謝，不但會讓對方覺得有些自討沒趣，自己也會錯失好不容易能加深彼此連結的機會。

能欣然接受感謝的人，就是自我肯定感高的人。請在接下來的課程中，更努力學著接受他人對你表達謝意吧。

要變得樂於接受他人的感謝，有三個訣竅及四個必須注意的重點：

1 接受（Acceptance）：大方回答「不客氣」，並欣然接受。

2 擴大（Amplification）：體會到對方的謝意並欣然接受，並將這個心情傳達給對方知道。

3 提升（Advancement）：詢問對方自己具體幫了他什麼事。但這一點的難度或許比較高。

面對他人的感謝不要做的是：

4 忽略（Deflection）：對他人的感謝毫無反應。

5 否定（Rejection）：說「我只是做了理所當然的事而已」，婉拒對方的感謝。

6 交換（Reciprocation）：對於他人的感謝，回答「我才應該謝謝你」，與對方互換謝意。

7 打折（Discounting）：說「我只能做這麼多，真是抱歉」，別人明明向你表達謝意，但你卻覺得做得還不夠。

總之，不論我們是因為體貼待人，或是在無意中做了好事，當別人對自己表示謝意時，都要欣然愉快地接受。

學習單

欣然接受他人的感謝

- 請寫出別人感謝你的事。
- 別人道謝時，你會如何回應？請把自己說的話寫下來。
- 嘗試在一星期內「欣然接受他人的感謝」！

【學習單】欣然接受他人的感謝

別人是在什麼情況下向我道謝？	我的回應是什麼？

第3堂課 回想燦爛美好的過去

孩子呱呱落地的那一刻，你有什麼感受？

小小的生命依偎在你懷中，光是他的存在，就能讓你全心全意地愛著他。還記得當初那種感覺吧？

雖然在寶寶剛出生時，會覺得孩子光是誕生到這世上就讓人很開心了，但那種喜悅的心情早就在忙碌的育兒過程中煙消雲散，現在的你每天都在生氣。我自己也有過這種經驗，還曾經在跟其他媽媽的聚會中拿來當作笑話來說，大家也都很有共鳴。

不過，其實我也深刻反省了自己：孩子出生時，我感受到那種泫然欲泣的激動感，最近已經不再有了，甚至把孩子每天這麼朝氣的活著當成是理所當然的事。究竟是為什麼？

美好的回憶要反覆回想

回想人生經歷過的正面體驗，反覆回味當時的感動與喜悅，是讓人感受幸福的好方法。好事光是「發生」還不夠，還要細細去「體會」，才會產生幸福感。

有位Ａ女士在某天反省之後，覺得自己每天總是處於暴怒狀態，她決定回想兒子出生當天的情景，猶如在觀看影片一般，仔細地回憶著每一幕。

「這應該是陣痛吧？」Ａ女士心中這樣想著，然後就在夜色中急急忙忙搭上計程車前往醫院。初次生產的不安，與對新身份的期待相互交織著，她既興奮又緊張。看向窗外，明明是平常見慣的景色，但當下卻覺得那些都是全然陌生的場景。那時車裡收音機傳出的聲音，直到現在依稀都還記得。然後，她又想起陣痛時自己正在思考的事、平安生下孩子那瞬間的感覺，以及護理師的聲音。就像這樣，Ａ女士沉浸在鮮明的回憶裡，充分感受到幸福後，思緒再拉回到現在。

她告訴我，在這麼做之後，現在看到八歲的兒子她會想到：「那時的小嬰兒現在已經長這麼大了，光是這件事就讓我好感動。」「我現在雖然會對他碎碎唸，但看他健康又活潑，每天都很有精神地蹦蹦跳跳，我真的很開心！我現在很自然就會產生這種心情呢。原來自從這孩子出生後，其實我一直都很幸福。」

和人一起共享回憶，幸福更加倍

什麼事曾讓你感覺非常幸福、滿足、人生充滿希望呢？

與初戀對象兩情相悅時；在榜單上看見自己的名字時；參加比賽得名而落淚的那天；第一次一個人住，真正覺得自己變成大人時；結婚典禮；第一次抱著剛出生的孩子之際。

明確回想起那時感受到的幸福，並告訴自己：「我知道自己的人生是有價值的」，這也會讓現在的你覺得更幸福。過去體驗過的正面感受，會提振你現在的心情。所以，好好回想那些難忘日子所帶來的感動。

如果有人能跟你共享回憶，你們可以一起聊聊，幸福感必定會更加倍。

回憶樹

重點
將孩子小時候喜歡的玩具、做的作品等捨不得丟的東西，當成主要裝飾品！

效用
在裝飾的過程中，當時的幸福感會再度復甦。「這是你嬰兒時候的東西喔」，跟孩子聊起回憶，能更進一步體會到幸福。

製作「回憶樹」

創造容易回想好事的契機也很重要。

我們家是從今年開始製作「回憶樹」（這是我隨意取的名字）來重溫過去的幸福時刻。

我家裡有很多都是從孩子的嬰兒時期就一直陪著我們到現在的東西，充滿了許多回憶，其中特別具有重要價值而留存下來的，我們就把它當作裝飾品，掛在聖誕樹上。

「啊，這是兒子嬰兒時期最喜歡玩的撥浪鼓。」

「這是女兒以前非常喜歡的小馬玩偶。」

我們全家人會一邊聊著回憶，一起佈置回憶樹。我覺得，把這個當成每年固定的家庭活動是個好點子。

將充滿回憶的照片當成裝飾品掛在牆上也很棒。不過照片一直擺著，也會看慣看膩。所以我才刻意使用聖誕樹，每年都可以重新裝飾一次。這麼一來，每次都能讓幸福感永保新鮮。

裝飾與佈置回憶樹，即是一個回想起燦爛過去的「課程」。

學習單① 回想過去的幸福時光

- 回想你感到最幸福的時刻，將它寫下來。
- 那天你穿什麼衣服？天氣晴朗嗎？是跟誰在一起，他說了什麼話？請試著像看電影般沉浸在過往的回憶裡。
- 如果有照片，請貼在學習單上。或是看著手機或相簿裡的照片回想也可以。

【學習單①】回想過去的幸福時光

①那天發生了什麼事讓你感到最幸福？

②如果有照片的話，請貼上。

③誰能跟我分享這段回憶？

‧寫下能跟你分享這段回憶的人。與對方聊聊回憶，一起分享快樂，更能提升幸福感。你可以和對方見面聊，或是以電話、e-mail、寫信等各種方式分享回憶。

重點

‧請如同欣賞畫作或電影般，在腦海裡從頭到尾回想一遍。

‧不要只回憶一次，請重複進行數次。假使能時常回想起美好回憶，不僅可增強正面情緒，更能提升幸福感！

學習單②　課後回饋單

‧你的心情變得如何？

‧什麼能讓你覺得幸福？

【學習單②】課後回饋單

・回想幸福回憶後，我的心情變得如何？

・讓我覺得幸福的人事物是什麼？

第4堂課

感受「當下」

身為媽媽，我們總是在拚命處理現在要做的事，無法有意識感受當下的這一刻。我們比家裡任何人都還早起，準備大家的早餐和便當；搭捷運去上班時，在搖晃的車廂內滑手機上網購物；走路時，一邊調整孩子的學習課表；洗碗時，頭腦還想著明天便當的菜色。

應該有很多媽媽也是這樣，手上做一件事情，腦子裡卻同時又在想別的事情吧？因為想提升效率，就不知不覺變成這種多工的情況了。有能力同時處理這麼多的事情，也是女性的特質。

不過，由於同時做兩件，甚至是好幾件事，所以總覺得好像被事情追著跑，心情感到相當疲憊。一刻都不得閒，也處於很難感受幸福的狀態。

製造出大腦容易感覺幸福的狀態

既然如此，我們就來製造出容易感覺幸福的狀態吧。「這件事一定要做，那件事不做不行」，請讓塞滿待辦事項的大腦，切換成只感受當下的事物就好。所以，你必須做的事就是「只留意眼前的事」。

比方說，洗碗時就集中意識在洗碗這件事上，去感受水溫、飯碗的觸感，以及由這些事所觸發而突然想到的事情等，例如：「水是溫的」、「這個碗真的用了好久啊」、「哇，好油」等。

還有，走在前往車站的路上，也可以享受當下那個瞬間，注意自己看到什麼、聽到什麼，例如：「這裡蓋了棟房子」、「玫瑰開了」、「大家都走得好快啊」、「有聽到孩子的聲音耶」之類的事。

仔細體會日常生活中的特別時刻

Y女士做了這個課程後，在某個積雪的早晨，她走在沁冷的空氣裡，心情卻有不同於以往的感觸。如果是以前，她會縮著身子直喊好冷，不情願地走著，但那個早晨，她卻能打從心底品味大自然的美：「雪堆積在光禿禿的樹枝上，白色的樹木看起來好美！」

意識到某個瞬間，聚焦於現在，就能在太過平凡而讓人感覺無聊的日常生活中，發現許多令人驚訝的喜悅與感謝。把注意力放在「此時此刻」，並且能仔細體會，是一個感受幸福的有效方法。

那麼，就讓我們開始「感受當下」的這堂課，享受自己的改變。

學習單① 感受當下的時刻

利用一星期的時間，每天在左欄寫下一個自己能專注、仔細體會的事，再於右

【學習單①】感受當下的時刻

聚焦的事	聚焦後的心情
♡	
♡	
♡	
♡	
♡	
♡	
♡	

欄寫下對這件事物的感覺，以及發現後的喜悅。

重點

- 先從飲食、洗澡、選擇衣服、刷牙、通勤等，自己總是急忙想完成的日常行為中，選擇要專注的一件事。

學習單② 課後回饋單

- 你是如何體會那件事的？
- 有和過去不同的經驗嗎？
- 和想匆忙完成事情的時候相比，現在你有什麼感覺？

請寫下你在改變感受方式、看待事情方式後，心境上有何不同。

【學習單②】課後回饋單

• 我用哪些方法去改變感受方式和看事情的方式？

• 和想匆忙完成事情的時候相比，感覺有何不同？

第5堂課

再次找到能「忘我投入」的事

就像畫家一旦開始作畫，就會全心投入創作，甚至完全忘記饑餓與疲勞一般，我們在做自己非常喜歡的事情時，也會非常投入。連時間流逝都忘記的那種渾然忘我，是至高的幸福。

無論是小說、漫畫、編織、遊戲、運動等，任何事情能使人廢寢忘食，有愈多能讓自己專注熱愛的事，人生就會愈充實。

全心投入，樂此不疲，甚至忘記時間流逝的狀態，在心理學上稱為「心流」。時常感受幸福的人的共同點之一，就是「擁有豐富的心流體驗」。

♥感受愈多心流狀態，愈覺得幸福

心流狀態，並不是只出現在畫家、攀岩家等從事專業或特別事情的人身上，而且也不是參與大型工作計畫才會出現的情況。其實在生活各個情境中，每個人都有可能出現心流狀態。此外，自己也可以創造心流。

國中時我非常熱中打毛線，只要開始動手做就會沉浸其中，等注意到時間往往都已經是半夜了，而且這種狀況經常發生，所以我總是睡眠不足。

我還記得有一次，我很想挑戰一種圖案很困難的圍巾編法，也買了書想照著做，但因為沒睡飽，文字始終看不懂，怎麼編也都不對，重新試了好幾次，還因此心煩氣躁（笑）。

不過，終於編出那條圍巾時，我心裡真的覺得好滿足，又想再繼續編下去。那樣的我就是處於完全的心流狀態。

你也有過這種經驗嗎？全心投入的過程中，並不會一直感到幸福，但完成時會覺得很充實，這就是心流狀態。

另外，心流狀態還有一個特徵，那就是愈做會愈覺得有活力！正因如此，愈常進入心流狀態的人，愈能活得幸福，因為他們能在人生中感受專心致志從事做一件事的價值，甚至進而體會到生存的價值與意義。

心流的特徵

- 因為是自己想做才去做，所以會非常開心。做那件事本身就是一種獎賞。
- 在當下那個瞬間能發揮高度集中力，有一種彷彿與世界融為一體的感覺。例如，沉浸在小說世界裡，覺得自己也好像也置身其中。或者，全神貫注於攀岩的人，會覺得自己好像也變成岩石的一部分。
- 專注投入那件事情時，會覺得時間過得飛快。
- 有時候也可能是必須挑戰的困難任務，所以不一定總會覺得非常開心，但挑戰成功後會有強烈的充實感。

♥把最喜歡的事擺在第一

Y女士參加我的講座後，用一個星期再次尋找能「忘我投入」的事。結果她發現，最能讓她忘我投入的，就是她一直持續在進行的嗜好：羊毛氈創作，所以她希望能更積極投入在這件事情上。

以前Y女士認為，「如果不先把工作和家事這些必須做的事做完，就不能花時間在嗜好上」，於是，她為自己訂下規則，將喜歡的事擺在後頭。

不過，在她知道進入心流狀態能帶來能量後，她會在一早先安排一段時間，做自己最喜歡的羊毛氈創作，然後再一口氣完成該做的家事。

Y女士說：「我知道以前我是受困在自己建立的框架裡，但是現在，我覺得我可以自由地讓自己充滿能量！」

聽到她的回饋真是令人開心啊。做喜歡的事，不是等孩子長大才能付諸行動，而是現在就可以身體力行，這是重點。

請將過去你曾有過的所有心流體驗都寫下來。重新開始進行那些曾經做過、但現在忙到沒時間做的事。這時，你會很容易進入心流狀態，也能奇蹟般地提升幸福感。

學習單① 尋找能「忘我投入」的事

依人生階段劃分，寫出從出生至今你有過的快樂體驗，從中選擇一個，把它圈起來，一星期至少做兩次該項活動。

重點

因為學習單只有自己會看，所以無須在意別人的眼光或看法，請寫下真正能讓你快樂的事。

【學習單①】尋找能「忘我投入」的事

・學齡前
・小學
・國中
・高中
・高中畢業後直到出社會
・進入職場後
・自己現在想做、一直想做的事

學習單②　課後回饋單

- 你做了什麼事？什麼時候做，投入多少時間？
- 做了後你有什麼感覺？
- 創造心流體驗的前後，有什麼不同嗎？（比如幸福快樂與感覺充滿活力的程度等）

【學習單②】課後回饋單

- 我做了什麼事？什麼時候做的？大約花費多少時間？

- 做完之後，我有什麼感覺？

- 創造心流體驗的前後，有什麼不同嗎？

第6堂課

轉變為樂觀思考！

「我相信事情會很順利。」

「將來一定會有好事發生在我身上。」

有些人就是能像這樣自然而然地充滿自信呢。

「我家小孩不知哪來的自信，說他絕對能成為接力賽選手，可是明明有很多小孩跑得比他快呢。」

有媽媽說起孩子這種狀況時，雖然是帶著好笑又驚訝的口吻，但事實上看起來卻是很開心。因為孩子這種「樂天」的態度，確實是件「好事」。事實上這種感覺，和我們的正向思考法是吻合的。

每個人都有習慣的思考方式

科學證明，樂觀的人做任何事都比較容易成功。

提倡正向心理學的塞利格曼（Martin Seligman）博士，在其著作《學習樂觀．樂觀學習》（*Learned Optimism*）中提到，總統候選人在演說中陳述愈多樂觀的內容，我們就愈能預測他當選的機率。

一般認為樂觀或悲觀是「與生俱來的個性」，但事實上那僅是思考方式的習慣罷了。每個人都有習慣的思考法，而樂觀者和悲觀者的習慣正好相反。從以下三個不同面向來看，就能很清楚兩者的差異：

1 是對方的問題，還是自己的問題？

2 是偶一為之，或總是如此？

3 是單一情況，或和所有事情都有關？

例如，考試只拿五十分的人會怎麼想？

1
是對方的問題，還是自己的問題？
樂觀的人↓都是因為題目太難了，是對方（狀況）的問題。
悲觀的人↓是自己不夠努力，是自己的問題。

2
是偶一為之，或總是如此？
樂觀的人↓現在雖然只考五十分，但總有一天一定能考一百分（一時的狀況）。
悲觀的人↓現在考五十分，之後就會一直考五十分（總是如此）。

3
是單一情況，或和所有事情都有關？
樂觀的人↓雖然數學只考五十分，但國文能考一百分（只有數學考不好）。
悲觀的人↓數學考五十分，所以國文也會考五十分（除了數學外，其他科目也一樣會考不好）。

這樣相互比較後，看起來樂觀思考的人，無論如何都能度過人生的種種難關。基本上，我是個悲觀思考的人，遇到什麼事都會覺得是自己的問題。不過，思考習慣是可以靠訓練改變。我在學習正向心理學後，也改變了自己的思考習慣。

悲觀思考被視為是一種無法改變的人格特質，但事實上，這是個人過去身處環境所養成的一種思考習慣。只要知道改變思考的方法，任何人都能樂觀思考。

所以請這麼想：「我會悲觀思考是環境所造成的。」

「有問題的不是我，是環境。」這麼想也是樂觀思考！

將悲觀思考切換成樂觀思考

K女士每次傳 Line 給朋友，若對方沒有馬上回覆，她就會覺得問題是出在自己身上。她很不喜歡自己這樣想，於是開始訓練樂觀思考。訓練後，她就能轉念：「對方沒有立刻回訊息，或許是因為他正在忙」，而她在面對其他事的態度時也同樣有所改變，不會過度操心。

「我以前的思考習慣是，只要有什麼事不如意，就會覺得所有的事也會跟著不順利。但仔細思考後我知道，過去我也曾經成功完成了一些事，將來我也一樣可以做得到，只要改善一些地方，就能做得更好。所以，我不會再責備自己為什麼做不到，或者怪自己做什麼都失敗，而是能看清當下的問題，如此一來，心情也變得很輕鬆。」

就像K女士說的一樣，每個人都能改變思考的方式。

當你覺得照顧小孩時總是手忙腳亂，請不要想著「是我這個做媽媽的不好，是我沒有能力」，而是要樂觀地想：

「目前只有我一個人在照顧啊，是環境與狀況不夠理想。」

「因為我還是新手媽媽呀，當然還不太會照顧小孩。」

當孩子考試考五十分時，不是跟他說：「這是因為你學習能力太差」、「再這樣下去，下次還是一樣會考五十分喔」，而是說：

「可能是老師出的考卷太難了。」

「雖然這次考五十分，但只要你用功，下次一定能考好喔。」

不是想「兒子考試只考五十分，所以做任何事都會失敗」，而是換個角度想：「雖然他不擅長國文，但卻很會畫畫呢」。

藉由質疑「真的是這樣嗎？」轉變為樂觀思考

要是你發現，自己又習慣性地想著「連這件事都做不到，這孩子真的不行」時，請你自問：「這件事做不好，難道就表示他真的什麼事都做不好嗎？」如此一來，你就會重新調整思考，推翻先前的想法。

「真的是這樣嗎？」

「應該還有其他可能性吧？」

藉由以上的問句來質疑自己，就能讓思考方式漸漸從悲觀轉變為樂觀。

朋友搞砸工作，責備自己「真是沒用」時；或當同是媽媽朋友感嘆「我家孩子真的很糟糕」時，我們不是都會鼓勵他們嗎？

「不是你的問題啦。」

「有時候也會很順利啊。」

「你有這些優點喔。」

同樣的，請你也用這種角度看待自己，並填寫以下的學習單。

學習單① 轉變為樂觀思考！

寫出自己現在的課題，例如：想解決的問題或面臨的挫折等，並回答以下三個問題，試著轉變為樂觀思考。

- 問題是自己造成的嗎？
- 狀況總是如此嗎？
- 所有事情都是這樣嗎？

重點

- 你能想到跟自己個性或能力無關的原因嗎？比方說：這是否與環境、自己身處的情況，或別人的言行有關嗎？想到什麼就寫下來。
- 這件事一直都是這種狀況嗎？即便過去順利的經驗不多也無妨，請盡量寫出來。
- 試著想想並不是所有事都會如此不順利。除了目前碰到的問題外，你人生中有什麼其他順利的事情嗎？

（例）「現在的課題」：孩子不願去上學的天數愈來愈多。再這樣下去，會不會就根本不去學校了？

1 或許孩子是因為天氣變化而感到身體不適。或許他是跟朋友吵架了。或許他在學習上有什麼不能說的問題。又或許他是早上爬不起來，愛賴床之類。

2 上個月只請假一天，後來就有好好去上學了。這個月一星期能去兩天吧。那天早上，他起床時心情很好，後來也去上學了。

3 孩子會面帶著笑容去上舞蹈課，跟朋友似乎也相處得很愉快。看起來沒有人際關係的問題。他很重視朋友，朋友也都很喜歡他。

學習單② 課後回饋單

請如實寫下完成課程後的感受。

【學習單①】轉變為樂觀思考！

現在的問題

①有什麼跟自己無關的原因會造成這種狀況？

②過去在這件事情上有什麼順利經驗？

③撇除現在的問題不說，還有什麼其他進行順利的事情嗎？

【學習單②】課後回饋單

- 做完這個課程之後，我有什麼感覺？

不妄自猜測他人心情

「不過度揣想他人心情」是樂觀思考的重要因素，它能減輕人際關係帶來的壓力，讓自己活得自在。個性愈是體貼、善解人意的人，愈有壓抑自己言行的傾向，他們會考量「這樣做會不會太過頭」、「說這種話會不會造成別人困擾」。

溝通分成三種類型。第一種是「被動式」的溝通，即是壓抑自己去配合對方。反之，另一種溝通是「攻擊式」，就是怪罪他人、勉強自己。認為溝通只有這兩種方法的人，會認為如果表現出自己的心情，就等於批判對方，也可能傷害對方，所以會壓抑情緒。

日本人總認為自我壓抑是種美德，也有很多人總是習慣忍耐，但被動與攻擊其實僅有釐毫之差。當你一直忍耐，不斷累積情緒，一旦爆發，結局經常是徹底破壞彼此的關係。熟年離婚即是典型的例子。

第三種溝通類型介於「被動」與「攻擊」之間，既重視對方也重視自己，稱為「自我肯定」（assertion）。一般認為，不同的溝通類型與對人生所持的立場互有關連。

- 被動式的溝通是「我這樣不好，你很好」（I am not OK, you are OK）。
- 攻擊式的溝通是「我這樣很好，你不好」（I am OK, you are not OK）。
- 自我肯定的溝通是「我這樣很好，你也很好」（I am OK, you are OK）。

肯定自己，就是處於「我這樣很好」的狀態；真正的自我肯定，是能接受多樣性，不去區分優劣，所以能覺得「我這樣很好」，而且「你也很好」。自我肯定，是能讓這種狀態成立的溝通技巧。

我們經常想很多，覺得這麼做一定會傷害別人、那麼做自己會被討厭，結果就不付諸行動，但那些都是自己一廂情願、先入為主的想法。如果你試著告訴別人自己的想法，可能會驚訝地發現，原來別人是可以全然接受的。我們能做的就是傳達出自己的心情，至於對方怎麼想是他的事。就是這樣而已吧。

住在紐約的O女士雖然想擔任學校志工，但又覺得「別人比我更合適，我應該幫不上什麼忙吧」。此外，她很想跟某個媽媽變得再熟絡一點，但又心想「我是日本人，英語也講得不太好，我如果約她應該會讓她困擾吧」。她就這樣單方面猜測對方的想法，然後什麼也沒做。

後來，她參加我的講座，學到自我肯定的溝通後，就使用溝通技巧，將原本考量別人想法而壓抑的心情，試著傳達給對方知道。據說，她後來下定決心邀那位媽媽一起去購物後，兩人經常一起出去，成為情同姐妹一般的好朋友。

「這個經驗讓我知道，再怎麼費心妄自猜測，也不可能知道別人真正的想法，不如就將我想做的事付諸行動。後來我也擔任志工，並且漸漸能和不認識的人搭話。我心想，與其覺得自己會不會太多事，而什麼都不做，不如把我想參加志工活動的想法傳達出去，即使他們可能不需要英語不太好的人。結果，在我試著表達想法後，得到的回應卻讓人很開心。知道這一點，確實提升了我的自信心。」

她的回饋真的很讓人高興。

還有一個例子。Y女士和M女士參加了我舉辦的紐約之旅。她們兩人都各有三個小孩，所以一開始雖然就想參加，但覺得一定沒辦法去，而煩惱不已。不過，她們後來都鼓起勇氣問另一半：「我想參加旅遊，孩子能麻煩你照顧嗎？」結果，她們的先生都很爽快地同意，她們這才匆匆忙忙地準備行李。據說，旅行後她們對另一半更加感謝，不像之前把想說的話都藏在心裡，現在夫妻的感情變得更好了。

誠摯而確實傳達出自己的想法，然後就等待對方回應，不需再多做猜測。這種「我這樣很好，但你也很不錯」的自我肯定溝通技巧，是「轉變為樂觀思考」的第二堂課，讓我們來學習吧！

學習單① 不妄自猜測對方的心情

以下介紹的是，自我肯定的溝通技巧「ＤＥＳＣ」法。

這個方法是以描述（Describe）、表達（Express）、提案（Specify）、選項

（Choose）的四個階段來進行溝通。

- 描述：客觀陳述狀況與對方的行動。
- 表達：傳達出自己的主觀感受。此外，也可以使用說明（Explain），也就是說明自己會有這樣感受的原因，以及同理（Emphasize），表達出自己的理解對方的心情和努力等。
- 提案：提出具體想法：「那我們～，你覺得如何？」
- 選項：或是提出其他選項：「如果這個方法不好，那～如何？」

例如，跟週日完全不帶小孩，而是外出去健身房的先生，你可以這麼溝通——

描述：「每個週日你都去健身房耶。」
表達：「難得你週日不用上班，我希望你能跟孩子一起玩，他們一定會很開心。」
同理：「我可以理解你平常工作很忙，所以放假時想運動的心情。」
提案：「你能不能不要每個週日都去健身房，花點時間陪陪孩子？」

【學習單①】不妄自猜測對方的心情

自己覺得困擾，但又不方便跟對方直說的事，如果使用 DESC 法來溝通，可以怎麼說呢？想想看，把它寫下來。

• 很難說出口，但自己又很介意的事是什麼？

• 描述

• 表達（說明、同理）

• 提案

• 選項

試著用寫下來的內容跟對方溝通。如果覺得這樣還是很困難，就在其他情境中套用 DESC 法。

選項：「如果你希望每週都去，那能不能快去快回，然後抽點時間陪孩子玩？」

就像這樣，你可以試著以DESC的方法來對話。

學習單②　課後回饋單

- 你寫下來之後有什麼感覺？
- 實際跟對方溝通時，對方反應如何？你們之間有什麼樣的對話？

【學習單②】課後回饋單

• 我寫下來之後有什麼感覺？

• 實際跟對方溝通時，對方反應如何？我們之間有什麼樣的對話？

第7堂課

想像「最棒的自己」

要引發出潛藏內心的樂觀，我有幾個妙方，其中之一，就是想像「最棒的自己」。根據《這一生的幸福計劃》（*The How of Happiness*）作者索妮亞・柳波莫斯基（Sonja Lyubomirsky）的實驗，受試者於四週內在家裡盡情想像「最棒的自己」後，他們的心情都變得相當正面，效果十分驚人。

試著勾勒出「最棒的自己」

光是想像「未來實現所有夢想的自己」的畫面就非常令人雀躍，也確實能增加幸福感。由於大腦無法區分實際發生的事和想像的畫面有何不可，因此即便好事並未實際發生，身體也會產生相同效果的幸福荷爾蒙。

除了感受到幸福之外，還有另一個明顯的效果，也就是會產生動力著手行動。藉著具體勾勒出理想的未來，大腦便會開始反推思考，如果要達到目標，自己現在應該採取什麼樣的行動。為了在不久的將來能成為最棒的自己，現在就得開始進行。這麼做，也可以讓「現在的自己」變得更棒。

「那樣的目標應該無法實現喔！」就算被別人這樣說也無須在意。光是在腦中生動描繪出實現夢想的自己，就能湧現能達成目標的自信與行動的力量，而這些都是能讓你建立樂觀思考的基礎。

樂觀思考能解決困難

樂觀思考可達成以下兩種效果：

①不會輕言放棄。

②即使面對難題，也能找出解決方法。

由於相信自己能達成目標，所以不會輕易放棄，而能堅持下去。即使受到阻礙停滯不前，也能冷靜面對，並且運用正面思考法，進而想出有效的因應之道。

我有很多朋友都是能利用樂觀思考，不畏困難，而一一克服難關的名人。其中一位是和朋友一起創業的由美。然而在發展新事業時，他們兩人期待的方向不同。由美希望跟多一些人合作，以拓展事業發展的可能性，但她的夥伴則是希望由他們自己掌控就好。

事業逐漸步上軌道後，開始不斷出現棘手的問題，即使如此，由美仍然非常樂觀。她說：「雖然採納夥伴的意見後，事業擴張的範圍有限，但如果能度過這個辛苦的階段，感覺就能開拓另一片新天地。」她從不輕言放棄，總是不斷試圖找出解決方法，這樣的樂觀思考真的很激勵人心。

想像「五年後實現理想的自己」

樂觀並非是與生俱來的能力，無需把自己當作悲觀的人，因而放棄努力。或許真的有天性樂觀的人，但大部分樂觀的人都是靠訓練才學會這種能力。

比起天生的樂觀，後天習得的人比較能妥善交互運用樂觀與悲觀兩種思考法。此外，善用樂觀思考的人，必要時也會運用悲觀思考從另一種角度加以觀察，並審慎面對風險。

每個人都可以樂觀思考，正面解讀事物，從中找出希望。你也可以讓樂觀徹底成為你的一部分，甚至覺得「咦？搞不好我天生就是這麼樂觀的性格」。

接下來要進行的課程，是想像「五年後的自己」。你現在有希望能達成的目標嗎？祝福五年後的你能達成所有目標，一切努力都能開花結果。

學習單① 五年後成為理想的自己

- 我會從事什麼工作？會和誰在一起？
- 我會住什麼樣的房子？

• 我會穿什麼樣的衣服？
• 我一天的行程會如何安排？
• 我的家人會有什麼樣的轉變？
• 放假時我會如何度過？

重點

愈能仔細又清楚地描繪細節，夢想成真的機率就愈高。五年後的你會對誰說什麼話？你可以試著具體寫下對話的內容。

（舉例）

• 出書。
• 住在採光佳，大坪數的房子。

【學習單①】五年後成為理想的自己 五年後 ___ 歲的我會是：

♡ 我會從事什麼工作？會和誰一起？

♡ 我會住什麼樣的房子？

♡ 我會穿什麼樣的衣服？

♡ 我一天的行程會如何安排？

♡ 我的家人會有什麼樣的轉變？

♡ 放假時我會如何度過？

學習單② **以圖像呈現五年後的理想狀態**

將從雜誌剪下來的圖片或照片貼在剪貼簿裡，並加上插圖，勾勒出五年後的情境。接下來的一週，假裝自己已經成為那個理想中的你。

學習單③ **課後回饋單**

- 實行一週後，你有什麼感覺？
- 你是否離理想的未來稍微近一點了？

【學習單②】以圖像呈現五年後的理想狀態

在這裡貼上從雜誌剪下來的圖片或照片，並加上插圖，以創作拼貼的方式，呈現出你理想中五年後的生活。

【學習單③】課後回饋單

- 這麼做之後，你有什麼感覺？

- 你理想的未來是否已經有略微實現？

第8堂課

先別管負面情緒了！

假設你在街上與朋友偶遇，跟他揮手打招呼，但他卻毫無回應。這時你會有什麼感受？你會因為朋友對你視而不見而沮喪嗎？還是認為朋友只是沒看見你罷了，因此根本毫不在意？

如果朋友沒有做出相對的回應你就感到沮喪，其實是因為你覺得「自己被無視」、「自己可能被討厭」而情緒低落。但如果是認為「他可能沒注意到我」、「他可能忘記戴隱形眼鏡，所以看不清楚」，就不會大失所望。

就像這樣，「想法」與「情緒」有很強烈的連結。

將「事實」與「悲觀思考」分開

望著美麗的夕陽，我們可以心想「能看到這麼美的夕陽，我真的很幸福」，也可以感嘆「沒有能與我共賞夕陽的人，我真的很不幸」。

也就是說，實際發生的事端看自己如何解讀。解讀的角度是負面或正面，會決定自己的感受。所以只要發現似乎有事情會讓我覺得沮喪，我就會告訴自己：「夕陽就是夕陽」。這是我把事情與悲觀思考切割開來的方法。

但現在你應該已經明白，由於思考決定你的情緒，所以只從情緒面要自己不沮喪，其實很困難。

要改變情緒，首先得要改變思考法，這才是有效方式。

不受負面情緒影響的祕訣

我曾經有個機會在公家機關演講，那是我第一次對完全不知道我的一群陌生人演說。之前演講的聽眾，都是對我做的事、演講的內容感興趣才來，所以會場氣氛相當溫馨。但那一次就沒有那種氣氛（笑），我完全無法與他們打成一片。

要吸引一群對我的工作和成果完全沒興趣的人聽我說話，真的非常困難。我深刻感受到自己說話技巧的拙劣與不足，心情十分低落。不過，在這種時候，我會馬上告訴自己「夕陽就是夕陽！」暫且不理會自己的負面思考與情緒。

其實，就算自己負面也無妨，因為負面情緒也是很重要的一種感受。不過，一直處於難過的狀況也很痛苦。所以，一旦出現負面情緒，就暫且先置之不理吧，如此就能跳脫愈想愈沮喪的惡性循環中。而且，若能先置之不理，情緒本身的強度也會漸次減弱，心裡變得輕鬆。

以前述例子來說，我暫且不管負面情緒後，沒過多久，我心裡又湧起衝勁，心想之後一定要好好磨練說話技巧，也想到幾個能提升說話方式的好點子。

當然我可以負面解讀「我搞砸了今天的演講」，但也能正面思考「這次體驗是為了讓我注意到一些事」，端看自己是如何看待事情的。

跟我一樣很容易陷入負面思考，並想戒除這個壞習慣的人，我很推薦這個練習。

在你感到沮喪、悲傷、不安，陷入負面旋渦時，請練習暫且對這些情緒置之不理。

學習單① 想想不理負面情緒的方法

當心裡湧現負面情緒或想法，感覺似乎會一直持續下去，沒完沒了，但現在又沒辦法做什麼改變時，要如何才能停止那些想法？試著寫下想到的點子。

例如：

- 在心裡發出猶如關上百葉窗的咔啦咔啦聲。
- 專注於眼前的家事或工作。
- 下班經過公園時，繞著外圍走幾圈。
- 做瑜伽，專注於身體的活動。

【學習單①】想想不理負面情緒的方法

關於先不處理負面情緒的一些點子：

學習單②

課後回饋單

這麼做之後你有什麼感覺？有什麼新發現？

請試著回想自己情緒上的改變，任何小細節都行。

【學習單②】課後回饋單

這麼做之後我有什麼發現？

第9堂課

動起來！身心就舒暢

每次我詢問來參加我課程或演講的人：「平常有在運動嗎？」很多人的回答都是：「畢業後出社會工作後就沒在運動了。」

媽媽們也有同樣的情況。由於小孩子愛去公園玩，她們覺得在公園裡追著突然暴衝的小孩跑，就算是活動身體。不過，這跟「運動」截然不同。媽媽們在公園追小孩是被迫活動，而不是為自己運動。

所以，我會跟前來諮詢的人說：「請安排時間為自己運動。」科學也證實，運動的確能讓人愈動愈 high，心情愉悅，帶來幸福感。

運動可以增加幸福荷爾蒙「血清素」的分泌

你應該聽過「血清素」這個名詞吧？它是一種腦內的神經傳導物質，有「幸福荷爾蒙」之稱，可以說是人體的幸福分子。感覺幸福的人，大腦中的血清素含量也比較高。

當你想變得幸福、想增加血清素的時候，最有效的方法就是運動。科學證明，運動時會促進大腦血清素的分泌量，幾乎等同於抗憂鬱劑的效果。

感到不安與煩惱的人，在運動時會專注於活動身體上，不會胡思亂想和負面思考，所以可以減輕憂鬱、煩躁等負面情緒的困擾。

讓幸福持續的運動時間

S女士做瑜伽已超過十年，我問她為什麼如此有毅力，能持續這麼久，她說：

「因為瑜伽會讓我情緒變得正面。」

「一旦有了煩惱，我就會無法克制一直去想，鑽牛角尖。但只要做瑜伽，我就能專注在身體的活動上，自然不會再去想煩惱的事。而且做完瑜伽後，我覺得負面情緒很自然就消失了，感覺很好，所以我才會一直做瑜伽。」

不只瑜伽，所有運動都有這種魔力，能讓人暫時忘卻壓力與負面情緒，感覺身心舒暢。

「不過，運動好麻煩！」事實的確如此，所以要是在「非做不可」的前提下做不適合自己的運動，也無法持續下去。

運動的重點，是要選擇自己不會覺得勉強、能持續下去的項目。例如：走路、鍛鍊肌肉、平衡球、看 YouTube 影片跳舞、瑜伽、提前一站下車走路等，不一而足，只要是自己喜歡的運動都可以。

另外，運動時間也不用太長。科學證實，光是做二十分鐘的運動，就能分泌大量的血清素，讓幸福快樂的感覺持續長達十二個小時。

有位M女士心想：「如果只是運動二十分鐘，我應該也能做得到」，於是開始每天早上散步，一週去兩次健身房。

她說：「早上運動能讓我一整天都保持神清氣爽。我讀國二的兒子也一樣，他每兩天就有一天早上第一堂課是體育課。他也告訴我，早晨上體育課的那一天他的身心狀況很好，有運動果然就是不一樣。」

只要做一點運動，就能產生絕佳的幸福效果！請選擇你喜歡而且可持之以恆的運動，試著做一週看看。

學習單① 做運動，讓身心都舒適自在

寫出你喜歡的運動種類，並從中選擇一項，下定決心從今天開始的一星期內，或是有哪三天，在什麼時間要做運動，並且徹底執行。

【學習單①】做運動，讓身心都舒適自在

• 我要做什麼運動？

• 在哪天做？什麼時間做？

學習單② 課後回饋單

- 實行一週後有什麼感覺？
- 運動當天，自己的情緒和狀態有什麼改變嗎？

【學習單②】課後回饋單

• 實行一週後有什麼感覺？

• 運動當天，自己的情緒和狀態有什麼改變嗎？

第10堂課

攝取均衡飲食，就能更開心

「你怎麼還沒換衣服？」

「你到底要吃到什麼時候？」

「你又忘記帶東西了！」

「這裡怎麼這麼亂！」

我對如此焦慮斥喝孩子和丈夫的自己感到厭惡。過去的我就是處於這種狀態。自己會這樣是因為孩子不整理東西，老公沒幫忙收拾，還是自己不適合照顧小孩和做家事？原因究竟是什麼，以及自己到底該怎麼做，這些問題既沒有答案，也令人沮喪無力。你也曾經有過這種時候吧？

若是壓抑怒氣不排解，不僅會累積壓力，也會讓自己愈來愈意志消沉。真的好想做點什麼改變。就在那陣子，有一回我抽血檢查，才發現自己有嚴重貧血和低血糖的情況。

「我的焦慮會不會是營養不足所引起？」檢查的結果讓我聯想到這個從未想過的可能性，於是，我安排了為期三週的排毒計畫，重新調整飲食內容。

結果過程中，焦慮的狀況完全沒有發生，身體也不會感覺疲倦，這種奇佳的效果讓我自己也吃了一驚。

而且在這段期間，孩子也完全沒鬧脾氣，十分好溝通。我甚至第一次覺得我先生人真好！他以前就一直是這麼溫柔嗎？（笑）

你有攝取足夠的必需營養素嗎？

心理學並沒有特別提到營養相關的內容，所以以前我不太注意到它的重要性，但在調整飲食的排毒期間，我和家人都有明顯的改變，這讓我實際體會到飲食對身心健康有多麼重要。

尤其是當媽媽後，雖然會很注意孩子的營養，但幾乎沒想過自己是否也有攝取足夠的必需營養素。

不過，煩躁、憂鬱或快樂等的心理狀態，是由大腦所掌控。而大腦的運作，也會因身體攝取的營養而不同。

為了讓自己幸福快樂，就必須思考自己是否攝取足夠的必需營養。

煩躁的原因是「低血糖」

很多人感到煩躁，原因是出於「低血糖」。

有統計數據顯示，因不良行為而接受輔導的青少年裡，九〇%有低血糖的症狀。而且他們在做壞事的當下，也正是處於低血糖狀態。

無法抑制煩躁情緒，終究會爆發開來——任何人都可能有這樣的衝動。所以，青少年會做出不良行為，並非缺乏自制力。其中很重要的一個因素，是掌控理性的大腦缺乏足夠能量。

血糖值一旦變低，掌控意志力的大腦就會缺乏能量，使得控制力道減弱，以至於無法好好控制情緒，說出衝動的話，做出衝動的事。所以，媽媽為了不讓自己抓狂，必須避免低血糖的情況發生。

光是不煩躁，就能提升幸福感

Y女士知道了煩躁與缺乏營養的關係後，開始喝果昔，採行無麩質飲食。執行一週後，她感受到驚人的改變。

「我的體力和情緒變得完全不一樣。我不那麼煩躁後，就不太會對七歲的女兒發脾氣，結果她居然第一次在自己的房間一覺睡到天亮！我真是不敢相信。光是稍微改變一下飲食，很多好事都會連帶發生。」

聽說Y女士之前會煩躁地對女兒碎碎唸，但還是會陪她睡，不過現在卻能在女兒睡前心平氣和地跟她說：「要是你睡一睡覺得孤單，也可以來爸爸媽媽的房間喔。」Y女士這樣的處理方式真的很不錯，她女兒也是因為覺得不會被媽媽罵，而感到安心，所以能順利入睡，並熟睡到天亮呢。

Y女士說：「孩子睡著後，我若是精神不錯也還有體力，就能再做很多事，把該做的事都完成後，也可以安心去睡覺。這簡直就跟魔法一樣啊！」

所以說，光是不煩躁，就能心情平靜，幸福滿滿！

能持續感到幸福的飲食法

想控制情緒，就要控制血糖值。不過，在低血糖的狀態下，如果突然吃進甜食，血糖便會急速上升。一旦血糖急遽上升，結果就會如同雲霄飛車般再急速下降。當血糖快速升降震盪，便會導致情緒紊亂。

為了避免煩躁，保持情緒穩定，就要縮小血糖值的高低差。我建議可以攝取低GI食物，也就是身體會需要花點時間消化的食物，吸收速度也較為緩慢。

- 高GI食物：精製的白色食物、碳水化合物
- 低GI食物：肉、魚、蔬菜、堅果

此外，要避免低血糖，讓自己更快樂的飲食方式，是要多多攝取蛋白質。為了要感覺幸福，不可缺少血清素這個腦內神經傳導物質，而攝取蛋白質即能產生血清素。

攝取蛋白質不只能避免低血糖的情況，還能因產生血清素而帶來幸福感，並使這種美好的感覺持續。

吃全食物及當季食材

飲食選擇請遵循以下三個原則：

- 低GI食物
- 全食物
- 當季食材

「吃全食物，吃當季食材」是符合自然法則的飲食方式。如果是沒有使用農藥或化學藥劑的蔬菜，可以連皮一起吃；魚類則是從頭到尾巴都吃；米的話，胚芽米比白米好，如果能吃糙米也很好。

身體在消化碳水化合物的過程中，需要維生素B_6。原本米粒中的胚芽就含有B_6，但精製米會去除胚芽，使得身體在消化米飯的過程中，必須消耗體內的維生素，因而奪去身體原本儲藏的營養。

為補足身體消耗的維生素而拚命攝取營養補充品，其實是本末倒置，如果能吃完整食物，根本無須如此。大自然創造的萬物真的很巧妙，而且都有道理可循。

當季食材的營養價值最高，所以食用時能完整攝取維生素與礦物質。請根據不同季節花點心思安排菜單，好好享受。

此外，睡眠不足會導致刺激食欲的荷爾蒙饑餓素（ghrelin）分泌過剩，讓人很難控制食欲，所以請留意每天要有七小時左右的優質睡眠。

學習單①　建立均衡飲食清單

- 在左欄寫出常吃的食物、喜歡的食物。
- 它們能換成低GI食物嗎？只調整部分也無妨，請在右欄寫下能改變的部分。
- 如果真的有很喜愛的食物，無論如何就是無法捨棄，就把它當成「獎勵食物」，做為努力一週後的獎勵。

學習單②　攝取低GI飲食，天天都開心

記錄採行低GI飲食的一週飲食狀況。不用每餐記錄，只要記錄吃最多的那一餐即可。可以用手機拍下餐點照片作為紀錄。另外，也可備註當天發生的特別事情，以及身體和心理狀況。

【學習單①】建立均衡飲食清單

常吃的食物、喜歡的食物		能換成低 GI 食物嗎？
•		•
•		•
•		•
•		•
•	➡	•
•		•
•		•
•		•
•		•
•		•

我的獎勵食物

【學習單②】攝取低 GI 飲食，天天都開心

採行低 GI 的一週飲食	發生特別的事， 以及身體和心理狀況
第一天	
第二天	
第三天	
第四天	
第五天	
第六天	
第七天	

第11堂課

和重要的人一起做開心的事

幸福的人跟不幸的人只有一個不同之處，那就是有無「與他人產生連結」。

實際感受到與他人的連結時，我們會感到幸福。只要跟某個人在一起，就會覺得愉快，或是想要好好珍惜對方，盡可能增加和對方相處的時間，就是最棒的人生了。不過，要產生這樣的連結，必須得自己去創造。

找出想和對方一起完成的事

M女士以前一直認為，做為一個母親，必須任何時刻都以家庭為優先，因此總是任勞任怨，委屈求全。不過，後來她體認到若要與家人共度美好時光，或是與他們產生連結，就不能老是完全配合對方的需求，只讓他們做想做的事，自己卻是犧牲式的付出。如果自己的生活不開心，就無法跟他們有所連結。

所以，她告訴家人自己想做的事，並且也和家人找出想一起做的事。

她問先生：「你做什麼事最開心？」她先生回說：「打高爾夫球。」M女士雖然不擅長打高爾夫球，但她喜歡接近大自然，於是他們在初夏時一起去了高爾夫球場。先生打高爾夫球，M女士則沉浸在涼風中享受自然氣息。如此，他們都能做自己喜歡的事，又能在這段時間共處。

透過創意，讓彼此更親近

親子遊戲也一樣的道理。之前，M女士只是配合孩子的喜好，但她後來試著將跟孩子一起玩的遊戲換成自己也能感受到樂趣的事。

她喜歡手作和繪畫，所以向孩子提議利用橡果做陀螺，用秋天的花朵做花圈。實際動手做之後，孩子也愛上了手作，現在一起發想點子變成親子間很開心的事。

她告訴我，現在不再覺得育兒是件辛苦的事。

你希望和重要的人如何共度呢？為了找出彼此都能樂在其中的事，讓我們來做以下課程。

學習單① 找到和重要的人在一起的意義

試著寫出十個你和對方都熱愛的事。儘量避免是看電視這種靜態且缺乏交流的活動，而是聊天、玩遊戲或旅行這類主動的事，效果比較好。然後，從中選出一個，試著實行一週看看。

重點

首先，請寫出自己喜歡的事，然後再詢問對方喜歡做什麼事，並且寫下來，從中找出兩人能一起愉快互動的交集。

詢問對方時，如果能秉持關心他的心情，雙方的關係會更加緊密。

（例）

- 希望跟老公一起打掃家裡，在乾淨清爽的空間裡聊天。
- 跟全家人坐在餐桌前，一起大喊「乾杯」。
- 跟大學時代的朋友如同學生時期一樣，在對方家裡借住一晚，相談甚歡直到天亮。寫出來的事要立刻決定什麼時候執行，並把預定的時間寫上去。

學習單② 課後回饋單

- 我在何時、跟誰、一起做了什麼事？
- 做了之後有什麼感覺？
- 對方反應如何？跟對方的關係有什麼改變嗎？

【學習單①】找到和重要的人在一起的意義

我要和＿＿＿＿＿＿一起做什麼事？

我要和＿＿＿＿＿＿一起做什麼事？

我要和＿＿＿＿＿＿一起做什麼事？

【學習單②】課後回饋單

- 我什麼時候，跟誰，一起做了什麼事？

- 做了之後有什麼感覺？

- 對方反應如何？跟對方的關係有任何改變嗎？

第12堂課

默默地體貼別人

進門後，幫忙壓著門避免反彈，讓跟在後面的人能順利進來；搭電梯時，幫忙搭乘的人按開門鍵，讓所有人先出電梯，自己再走出去。做完類似這樣的事情後，感覺自己很體貼，能為人設想。助人也讓自己心情變好的經驗，我想每個人應該都體會過吧。對他人親切體貼，自己也會快樂，甚至會比接受體貼的人感覺更深刻。

這裡有個重點是，如果體貼家人朋友，我們當然會心情很好；然而若能設身處地為完全不認識的人著想，其實會覺得更幸福！

對互不相識，僅是擦身而過的人付出善意，不是天經地義的事吧？由於不是理所當然，我們會為如此體貼的自己感到驕傲，覺得自己最有價值。如果別人向我們道謝，更能讓人開心呢。

小小的體貼，能讓自己打從心底滿足

- 發現有個在媽媽懷裡的小寶寶掉了一隻鞋，幫忙撿起來後，追上前還給對方。
- 看到超市裡有人拎著的塑膠袋破掉，東西掉落一地，於是幫慌張而不知所措的對方撿拾東西。
- 看到老爺爺呆站在售票機前，不知如何操作機器。主動跟他搭話，幫他購買車票。

像這樣小小的體貼，不只能讓接受幫助的人開心，我們的心中也會感覺充實，但這並不是一種助人的自我滿足感。為別人做點什麼之所以能帶來幸福感，是由於在過程中能感受到與他人產生「連結」。

不經意的體貼，更能打動人心

另外，若想要感受更高層次的幸福，就是默默地體貼他人。例如：

- 看到路上有垃圾就主動撿起來。
- 上完公共廁所，清理乾淨後再離開，像是為下一個使用者著想，擦拭馬桶座等。
- 進入托兒所或醫院等需要脫鞋的場所時，也順道把別人的鞋子擺好。
- 在餐廳用餐完畢後，先疊好餐盤，讓服務生比較容易收拾，或者也可順手將孩子吃飯時掉在桌上的食物擦乾淨。

像這樣，主動採取的這些舉動，若能因此讓人們的心情好一點，能帶給大家快樂就好了，並且默默體貼對方。

心裡想著自己能做到這點，就算覺得自己是大善人也無妨。默默體貼別人不僅能提升自我肯定感，還能讓幸福感倍增。而且對受到幫助的人而言，「這種不經意的體貼」更令人感動。

將陌生人的喜悅，變成自己的快樂

我也曾接受過陌生人的善意，因此非常感激對方。

有一次我們去紐約中央公園觀賞噴水池。我家小孩從小就很喜歡看噴泉跟投入銅板許願，所以他們總是催促著我：「媽媽，給我硬幣。」不過，那天我和先生身上都沒有銅板，只得跟孩子說：「今天沒辦法許願囉。」想當然耳，孩子聽了之後覺得很失望。

然而，就在那時我發現，圍著噴水池可供人坐的平台某處，有一座以一分美元硬幣堆成的小山。小山旁邊有一張紙條寫著「這是隨手擺放的銅板，請自行取用」。看到紙條後，孩子和我們夫妻倆都很感動，不禁想像，如此體貼的行為，一定是出自溫暖的好人之手。

多虧遇到這麼棒的事，我們全家人心情都變好了。之後在乘船處，也不假思索提供搭船費給一對身上現金不夠二十美元的情侶。那對情侶開心地收下錢，我們也因為能幫助別人而無比開心，可見體貼是會傳染的呢。

如果人人都能付出一點小體貼，世界就會變得更溫暖。把給予某個陌生人的喜悅變成自己的喜悅，那就是我想給予的體貼。

不求回報的體貼真的很美好

某天，我的朋友K上完瑜伽課離開教室時，發現外頭剛下過雨。

「沒想到會下雨，我的腳踏車應該全淋濕了吧……」她心裡這麼想，結果居然發現有把撐開的傘罩在腳踏車椅座上。看來有人即使不知道腳踏車是誰的，還是這麼做，好讓椅座不淋濕，這真是很動人的事啊。

「竟然有人會做這樣的事。」K非常感動。下一堂瑜伽課時，她就帶著那把傘去上課，結果又發生令她更驚訝的事。

「咦？為什麼你有這把傘？」K的瑜伽老師這樣問了之後，她才知道，原來老師就是為腳踏車撐傘的好心人。K因此確定，自己的瑜伽老師就只能是這個人，並非常慶幸自己選擇老師的眼光是正確的。

在完全不期待得到感謝下，對素昧平生的人付出善意，這真的是很棒的事。介紹這麼多我收集的「隨手行善」的軼事後，接下來就換你寫出你為陌生人做過的體貼行為，也請回想你曾經得到陌生人給的什麼善意，將它一一寫下來。

學習單① 要做什麼體貼的事？①

- 寫出你為陌生人做過什麼體貼的事，以及曾經得到陌生人什麼樣的善意。

重點

不要想太多，比如「說那種程度的事很可笑」，或「我只是單純想滿足自己才那麼做」。即使只是關心某個人，簡單問一句：「你還好嗎？」都是很棒的體貼方式。

請把想到的事一一寫下來。

【學習單①】要做什麼體貼的事？①

• 我對陌生人做過什麼體貼的事？

• 我曾經得到陌生人什麼樣的善意？

學習單②　要做什麼體貼的事？②

- 想一下從早到晚的情境，寫出你能為他人做什麼體貼的事。比如：幫其他人用手按著門，幫忙提重物的人拿東西等等。
- 再從中選出五個你覺得「自己應該做得到、想試試看」的事，把它們圈起來。
- 以確實執行這五件事為目標，每週選一天做為體貼日，付諸行動。

學習單③　課後回饋單

- 我在什麼時候、哪個地方、什麼場合，體貼幫助了誰？
- 做了之後，我有什麼感覺？

【學習單②】要做什麼體貼的事？②

我能對陌生人做什麼體貼的事？

【學習單③】課後回饋單

• 我在什麼時候、哪個地方、什麼場合，體貼幫助了誰？

• 做了之後，我有什麼感覺？

第13堂課

充分活用自己的長處

做有價值的事，獲得自己所需的收入，在經濟上能獨立自主，這對提升女性的自我肯定感而言，是非常重要的事。

「如果可能，真想試著把這件事變成工作看看」，像這樣的念頭，任何人肯定多少都會有。但在這之前，一定要思考「實際獲得收入的方法」，因為這跟幸福及自我肯定感有很大的關係。

有錢總比沒錢好

我在單親家庭長大，有一個哥哥和兩個弟弟。我母親說，我們能平安好好長大都是多虧了貧窮。她是肯定貧窮派的人。但我不覺得貧窮是好事。比方說，長途飛行時，有錢就能搭頭等艙舒服地享受旅程，減少壓力。此外，也能為重要的人買更多東西。所以，我認為金錢是非常值得感謝的東西，有錢是好事。

但是，我花了很長的時間，才敢將「為了變得幸福，錢很重要」這句話說出口。過去我總在意別人眼光，覺得「談錢會不會讓別人覺得我很庸俗？」「付出而不求金錢回報，不就是正確的生活方式嗎？」

我不恥收取費用的時候，曾經僅以數千日圓的報酬提供自己準備好幾個小時的課程，也曾花費一整天的時間無償幫忙培訓。

直到去年，我才開始留意「付出就得要收取相對的酬勞」這件事。這是因為我實際感受到，幸福要靠自己追求，而不是別人的責任，於是想法就有所改變。我能坦然收取費用後，不擅長的事就交給別人處理，相反地，把這些時間花在我擅長的製作內容上，業務量因而大增。於是，我和先生終於買了期待以久的房子，讓青春期的孩子各自有屬於自己的房間。

「啊，坦然說出『錢很重要』是對的。」其實，我能這麼想也是最近的事呢。

這是我透過各種經驗，花了一些時間，累積一個又一個自我肯定感後所得到的結果。

經濟獨立，才能覺得心安

「如果收入不穩定，就非得依賴他人不可」，這種狀況很容易讓人陷入負面思考。我也有過類似的經驗，因此非常清楚這種心情。

有段時間，我先生為攻讀博士學位前往紐約，我也辭職隨同他一起赴美。先生的學費要價數百萬日幣，孩子讀幼兒園一個月也要十萬日幣，再多錢真的都不夠用，因此我的心情也變得很糟。後來，我開始怪罪先生，覺得這一切都是他不能去賺錢的錯。這個經驗也讓我認知到金錢真的很重要。

有穩定的收入才能帶來穩定的情緒。而且自己賺錢，不是靠他人的收入生活，自己才能為自己的人生負責，也會讓心情變得踏實。如此一來，自然不會埋怨別人「都是因為你的緣故，我才無法幸福」。

所以，「靠自己賺錢」是非常重要的事。

找出自己的長處，創造價值

「我想做有意義的工作來賺取收入」、「我要靠自己變得幸福」，女性如果能如此下定決心，付諸行動，就是一件很棒的事。然而，一旦開始工作卻經常碰壁，便會受困於否定自我的想法：「我就是沒有那樣的價值，才賺不到錢」。

不過，請把這種負面的想法拋到一邊。若重視自己付出的努力與時間，找出自己的強項，一定能創造出獲取與金錢報酬相符合的價值。然後，就會有人發現你工作或服務中的價值，並且願意給你理想的薪資。

能和了解自己價值的人一起工作，互相重視，這是理想的工作方式，也可以說是互信互愛的生活方式呢。我現在也正在實踐中！

如果你想做有意義的工作，獲取穩定的收入，請不要猶豫，現在就開始進行吧。你踏出的每一步都會讓自己變得幸福，也讓你活出為自己人生負責的每一天。

請填寫以下的學習單，找出你的長處。雖然我們的強項正是產生自身價值的關鍵，但也可能是自己覺得再自然不過，因而不小心忽略的事。

學習單① 發掘自己的長處

- 請盡可能寫出別人讚美過你的事。
- 你在過去的經驗中學習到什麼技能？
- 你有無須努力，就自然會做的事嗎？
- 你的優點是什麼？
- 你可以問問家人、小孩和先生：「你覺得我有什麼強項？」這個問題還有能讓雙方關係變好的附加優點呢！
- 決定自己的五個強項。

【學習單①】發掘自己的強項

①別人曾讚美過我什麼？

②我從過去的經驗中學習到什麼技能？

③我無須努力，就自然會做的事是什麼？

④我的優點是什麼？

⑤決定五個自己的強項

學習單② 課後回饋單

- 五個強項中，你最認同哪一個的確是自己真正的長處？
- 你過去如何使用這些強項？
- 今後你要如何利用這些強項？
- 假設現在你面臨問題，試著思考看看，你會如何利用這些強項去因應解決？
- 寫出答案後，你有察覺到什麼，進而對自己有更進一步的認知嗎？

【學習單②】課後回饋單

①五個強項中，我最認同哪一個的確是自己真正的長處？

②過去我如何使用這些強項？

③今後我要如何活用這些強項？

④如果現在我面臨問題，要怎麼活用這些強項去因應解決？

⑤寫出來後，我有察覺到什麼，進而對自己有更進一步的認知？

第14堂課

創造帶來收益的職涯

「每天都好無聊，但既然是工作也無可奈何」、「這個工作即使不是我做，任何人也能勝任」，如果你是抱持以上的想法來工作，真的會很痛苦。假使又為此感到煩惱，更永遠都無法變得幸福。讓我們將上述這些的事倒著來想想看。

- 如果不是自己樂在其中的事，不努力也無妨。
- 不想辦法克服不擅長的事和弱點也無妨。
- 如果別人不認為我們做的事是必要的，不持續下去也無妨。

就像這樣，試著換個想法看看。

我身為講師，經常詢問學員一個問題：「你對未來的自己有什麼期望？」因為我希望對方理想的人生能真的實現。

有一次，Y女士說：「我喜歡寫作，不過做這行不能當飯吃……我很煩惱，不知道是要做自己喜歡但沒辦法賺錢的事，還是索性放棄，去做不想做但是相對穩定的工作。」我的回答是：「那就想辦法用你喜歡且擅長的事來賺錢吧。」

或許很多人覺得這只是理想。不過，如果是自己喜歡且擅長的事，在該領域自然能表現出色，甚至成為該領域的行家，讓別人欽佩，自己也會有所成長並覺得勝任愉快，如果持續勉強自己做不喜歡的事，以上事情就不可能發生。

找出對自己有意義的工作

如果有一件事同時符合下列三個要素，我們就能感受到做這件事的意義。

- 能樂在其中
- 是自己的強項

- 能帶給他人快樂

舉個例子說明。

- 樂在其中↓做裁縫時覺得很快樂，能毫不休息地一直做下去。
- 強項↓對裁縫很拿手。
- 帶給他人快樂↓別人會拜託我幫他縫製東西或教導他裁縫，也有人希望我能把作品送他。

那麼，對我來說，「裁縫」完美符合三項要素，就是有意義的工作。做這件事就和呼吸一樣自然，而且投入時充滿熱情，不僅能讓別人開心，甚至還能換取金錢。如果我能做這項工作就太棒了。像這樣擴大思考，就可以發現各種可能性！

請填以下的學習單，一邊創造適合自己的職涯吧。

找出有意義並可獲取收入的工作

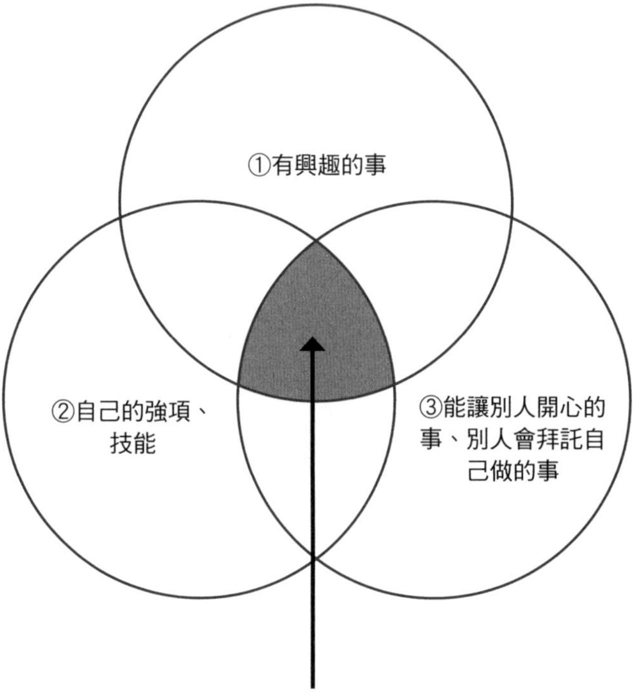

在三個要素重疊之處，
就能找到你今後可以做的工作！

什麼事會讓你樂在其中？

很多人會以「因為社會有需求」，而決定從事某項工作，不過我覺得選擇「因為自己可以樂在其中，而能全心投入」的工作會比較好。

這種思考方式稱為「善用機緣論」（Planned happenstance theory）。這個理論認為，就算目標不清楚明確也無妨，只要能持續進行眼前樂在其中的事，自然有希望開拓出一條光明坦途。

不過，就算好不容易找到一個「讓人樂在其中的工作」，如果不知道如何轉化成能帶來收益的職涯，也無法繼續前行。

可以產生收益的方法，比如以下幾種：

- 製作產品販售
- 成為老師教導學生
- 培養能教做法的師資（成立協會等）
- 寫書傳授

學習單① 找出樂在其中的事！

寫下你感到有興趣的事。

- 你喜歡什麼事？
- 什麼事會讓你感覺興奮，樂在其中？
- 什麼事會讓你全心投入，忘了時間的流逝？
- 你總是會忍不住想做的事是什麼？
- 什麼事讓你在做的時候湧現源源不絕的能量？

【學習單①】找出樂在其中的事！

①你喜歡什麼事？

②什麼事會讓你感覺興奮，樂在其中？

③什麼事會讓你全心投入，忘了時間的流逝？

④你總是會忍不住想做的事是什麼？

發揮你的強項

試著寫出你的強項與技能。

學習單② 發現自己的強項！

- 別人會因為什麼事讚美你？
- 你從過去的經驗中學到什麼技能？
- 有什麼事是你自然而然就會做？
- 你的優點是什麼？
- 你擅長做什麼事？

第13堂課能讓你更深入發掘自己的強項。還沒做的人，請一定要試試看。

【學習單②】發現自己的強項！

如何讓人快樂？

寫出過去你曾做過什麼讓別人開心的事。

學習單③ 找出你能讓別人開心的事！

- 別人會委託你做、麻煩你做的事是什麼？
- 你做什麼事別人會感謝你？
- 你做什麼事能讓別人露出笑容？

【學習單③】找出你能讓別人開心的事！

①別人會委託你做、麻煩你做的事是什麼？

②你做什麼事別人會感謝你？

③你做什麼事能讓別人露出笑容？

善用你的優勢賺錢

把「從事有意義的工作以獲取穩定收入」這件事當作目標，找出營利模式。根據第一七六頁圖，從三項要素的重疊處找出你最強的優勢。要怎麼利用這個優勢幫助他人，並得到相對的金錢報酬？不論想到什麼點子都請寫下來，也可以請別人提供點子！

學習單④ 課後回饋單

- 寫出三項要素後，你有什麼心得嗎？
- 三項要素有重疊的部分嗎？
- 你能從中找出與收入連結的方法嗎？
- 你有想出更好的點子嗎？（例如：與開公司的朋友會面、參加適合的課程、閱讀相關書籍等）

收下等同於感謝的酬勞，並付錢給自己感謝的人——我也是到最近才終於學會這件事。

如果有人樂意支付你酬勞，請學會放心收下，一開始先收取一千日幣也沒關係。

提升自我肯定感的祕訣，就是像一個能高度自我肯定的人一樣說話、做事。重視自己的人，會看重自己的時間與勞力，並欣然接受別人相對的感謝。只要能改變行動，就可以改變想法，所以請從收取應當得到的收入開始吧。

【學習單④】課後回饋單

樂在其中、自己的強項、讓別人開心的事，你能從以上三個要素的重疊處找到與收入連結的方法嗎？

第3章

對自己好一點，讓你更能肯定自己

——給自己一個大大的擁抱

認同自己的所有情緒

如果好友找你哭訴：「我跟交往十年的男友分手了，真的好慘，連工作都沒辦法做，一直出錯。」你會怎麼跟她說？為她做什麼事？

你應該會體貼地說：「工作稍微暫停不做也沒關係喔」、「你隨時都可以打電話給我」，或是安排一些活動陪她散散心：「要不要一起去喝個茶？」「要不要一起去旅行？」之類的安慰吧。

如同體貼別人般體貼自己

那麼，要是同樣狀況發生在你身上，你會怎麼做？你為朋友做的事，對自己也會這麼做嗎？

如同體貼重要的人一般體貼自己，在心理學上稱為「自我慈悲」（self-compassion）。如果你希望孩子能無條件肯定自己，覺得「不管怎麼樣的自己都很好」，那麼你一定要把「體貼自己」這一點放在心上。我認為，自我肯定和體貼自己也能畫上等號。

不管自己有什麼優點和缺點，你都能正面看待，就是對自己的體貼、慈悲。要讓孩子明白這一點之前，媽媽也要先能體貼自己。

關於體貼自己，可以用以下三個順序來思考：

1 認同自己的所有情緒。

2 感覺到自己不是一個人，而是與他人有所連結。

3 以行動來展現對自己的體貼。

沒關係啊！只是負面情緒

感覺不安而痛苦、活在悲傷中、憤怒難以平息、似乎快被罪惡感壓垮……由於我們總會認定負面情緒都是不好的，所以面臨上述情境時，經常會自責：「我真是沒用啊，才會老是有這些不好的情緒。」

不過，體貼自己，是連這些負面情緒都能全然接受。我們要能接受自己的所有情緒，請容許自己也會有負能量的時候。

「他那麼說我，真的很討厭！」

「看到比自己能幹的人，我就會嫉妒。」

「被誤會真的很不甘心！」

「好可悲，我真的不知道該怎麼做。」

就像安慰及鼓勵朋友時一樣，也請溫柔地體貼自己。

偶爾有負面情緒也無妨。事實上，這些我們認為的負面情緒背後都有其意義。

這些情境正是由於不安或恐懼造成，所以能讓我們預測危險而避開。

悲傷時，雖然無法前進，但多虧如此，才能抑制能量消耗，而可以接受他人幫助。憤怒時，我們才能面對敵人，並且保護自己，不讓危險狀況持續下去。有罪惡感時，才能改變自我行為，不讓自己之後再犯。

此外，負面的事，也是能引起正面的效應。因此，負面情緒湧現時就感受它，用不著壓抑，並且心懷暖意地接受它。正因為你擁有接納負面情緒的經驗，所以才能體貼他人的悲傷或不安。

體貼自己的課程

現在，我們來做一個體貼自己的課程。這個課程能幫助你找出許多想對自己說的體貼話語，以及自己真正想聽到的鼓勵或安慰。

當你在想這些話的時候，也可以一邊想著家人或朋友。例如：要是另一半說：「我愛你」，自己就會很開心；希望孩子每天都能對你說：「媽媽，全宇宙我最喜歡你」；要是聽到婆婆對你說：「真的很謝謝你生下我的寶貝孫子」，自己可能會感動到哭出來等。

就算只是願望也無妨，請找出自己真正想聽的話。

學習單① 你希望聽到的話

你聽到什麼話會很開心，而願意為此努力？請把想到的話寫下來。無須覺得聽到哪句話會很不好意思，請誠實地把想聽到的話全部寫下來吧！

- 先生說的
- 孩子說的
- 父母說的
- 公婆說的
- 朋友說的

【學習單①】你希望聽到的話

♡先生說：

♡孩子說：

♡父母說：

♡公婆說：

♡朋友說：

♡兄弟姐妹說：

♡現在見不到面的 ______ 說：

♡寵物 ______ 說：

・兄弟姐妹說的
・現在無法見面的〇〇說的
・寵物〇〇說的

學習單② 最想對自己說的一句話

從寫出來的許多話中，選出最想對自己說的一句話，在睡前（看著洗臉台鏡中的自己，或在床上）對自己說，並持續進行一星期。

說這句話時，可以用擁抱自己的姿勢，或是將手放在胸前。

我從某年某月某日起，到某年某月某日為止的一週內，要對自己說某句體貼的話。

試著實行一週後，你會有什麼感覺？心情應該有所改變吧？請將改變後的心情寫下來。

【學習單②】最想對自己說的一句話

我從　　年　　月　　日起，到　　年　　月　　日為止的一週內，
要對自己說這句體貼的話：
「　　　　　　　　　　　　　　　　　　　　　　　　　　　　。」

執行一週後，我的心情有什麼改變？

守護小語

有負面情緒是理所當然的事，無須過於自責。

你不是一個人，每個人都彼此連結

我們覺得痛苦難受時，總會忍不住悲觀地認為：「世上只有自己這麼痛苦。」這時正是需要好好體貼自己。

「受苦的不是只有自己。」

「不管再怎麼堅強的人都有脆弱的時候，每個人都一樣。」

請你試著這麼想。

由於每個人都不可能完美，所以彼此心有同感才能有所連結。感覺自己不是孤單一人，便能帶來莫大的安慰。

有人同理自己，心情就能感到輕鬆

我來說某個媽媽的例子。這位媽媽在育兒最辛苦的時期，由於長期睡眠不足，處於身心都難以負荷的狀態。雖然她的孩子已經九個月大，夜裡仍會如同新生兒一般哭鬧一小時。

「只有我照顧小孩照顧得這麼辛苦、這麼痛苦嗎？辛苦到我都不覺得孩子可愛了，真的好可悲。」養育孩子總是挫折連連，讓她覺得自己是個無能的母親。

不過，有一天她帶孩子外出時，碰巧有機會和一位比她年長的媽媽聊天。那位媽媽說：「我家小孩以前也是都不肯睡覺的喔，那時候我真的也很累。」聽到對方這麼說，她頓時覺得，原來不是只有自己那麼辛苦，心情也變得輕鬆了起來。

那位媽媽前輩開朗又沉穩，她身旁的孩子感覺也很愛她，這景象看起來很溫馨。但她卻說：「當時只要孩子不聽我的話，晚上不睡覺，我就會好生氣、好焦慮，那時候我就不覺得孩子可愛了。」媽媽前輩也這麼說起自己的經驗。

「啊，原來並不是只有我有這種心情。當媽媽會感到辛苦是正常的。」

那位媽媽前輩體貼的話語，讓她從獨自承受痛苦的孤獨感中獲得釋放，得到很大的安慰。於是，當她之後遇到跟自己一樣感覺照顧小孩很辛苦的媽媽時，她就會像那位媽媽前輩一樣，體貼地鼓勵對方：「我以前也是這樣喔！」「很辛苦吧，不過，總有一天狀況一定會好轉的。」

只要人與人之間互相傳達出「你並非孤單一人」的訊息，就能減輕痛苦，並且讓痛苦消失。

守護小語

獨自承擔的痛苦，能因為與他人產生連結而消融殆盡。

你一定要為自己做點什麼，才能過得更好

「有負面情緒也無妨」、「覺得痛苦的人不只有自己」，有了這種想法後，下一步就是積極地以實際行動展現對自己的體貼。

做出能帶來幸福感的行動最棒

寫出能讓自己感覺幸福的事：

（例如）

- 自己一個人去咖啡館
- 晚上外出散心
- 去做美甲

・賴床
・參加喜歡偶像的演唱會
・去做ＳＰＡ

任何事都行，就算是懶散或很愚蠢的事也可以，只要是以自己的標準來看「能讓自己感覺幸福」的事就很棒。

接著，請實際執行「幸福行動」。以行動展現對自己的體貼，會讓我們覺得自己很重要。

學習單　列出對自己展現體貼的行動清單

盡量寫下自己能感覺幸福的事，並依容易執行的程度排序，逐步完成。

【學習單】列出對自己展現體貼的行動清單

•
•
•
•
•
•
•
•
•
•
•
•
•
•
•
•
•
•
•
•
•
•

守護小語

「做這件事我感覺很幸福」，能讓自己這麼想的事就是最棒的事情。

愛孩子，也要愛自己

體貼自己包括三個步驟：

1 認同自己的所有情緒。

2 感覺到自己不是一個人，而是與他人有所連結。

3 以行動來展現對自己的體貼。

如果這三個步驟你都能做到，也一定能以同樣方式對待孩子。

任何體驗都能化為能量，讓親子一起成長

我有很多學員都親身實踐「體貼自己的育兒法」，其中一位女性，跟我說了她兒子小學二年級時發生的事。

「小祐討厭我。」有一天，兒子突然告訴她，平常總是一起玩的朋友小祐突然討厭他。雖然兒子臉上帶著一絲笑容，一副不以為意的樣子，但她覺得兒子其實很在意，只是用笑容來掩飾心裡的難受。

「你為什麼覺得他討厭你呢？你們一直很要好啊，這應該是你的錯覺吧。」媽媽原本想試著這樣說服兒子，但那一刻，她忽然想起體貼自己的三個步驟。

於是，她先同理兒子的情緒：「這樣啊，你覺得小祐討厭你啊。突然不能一起玩，你很難過吧。」

聽她這麼講，兒子才說出小祐最近交了新朋友，所以一直跟新朋友玩都不理他，而且他們一直開心的聊他沒有的電動玩具，他沒辦法一起參與話題。

「最好的朋友不理自己，真的很讓人難過，媽媽以前也有這樣的經驗喔。我以

為那個人跟我最要好，但她卻跟別人玩，我也覺得很不舒服呢。」她想讓兒子知道，不只是他會有這種感覺。

最後，她讓孩子坐在她大腿上，一起吃好吃的點心，並問他：「那你覺得該怎麼做，才能再跟小祐一起玩呢？」她仔細聆聽孩子的想法，也跟他一起思考，並約定好會盡可能做他們能做的事。

你覺得事情後來怎麼發展呢？

原本孩子常說肚子痛，經常請假不上學，但由於媽媽接納了他難受的情緒，並約定好一起解決問題，所以感到安心，肚子也就不痛了。看來，他肚子痛的原因不是出於生理，而是心理問題。

後來聽說她兒子也跟小祐交到的新朋友變熟，大家便很開心地玩在一起。這位媽媽也跟我說：「我還記得，有一陣子他沒有跟好朋友一起玩時，午休時就會一個人去圖書館看書，感覺變得有些成熟了呢。」

不論什麼好或壞的體驗都能成為能量，也可以讓親子一起成長呢。

母愛很偉大，但不表示所有事都要媽媽自己扛

人生必然有艱難的時期。對我來說，「育兒期」就是特別困難的時期。

我在前言也提過，我在單親家庭長大，只有國中畢業，之後才取得高中畢業的同等學歷。我拚命打工存了兩百萬日幣，就帶著存款前往美國紐約去讀語言學校，並進入當地大學。一開始我完全不會英語，但靠著拚命用功，後來以第一名的成績從大學畢業，對此我感到很自豪。

多虧大學時期老師們的肯定，讓我覺得自己比其他同學優秀，自信滿滿地認為自己做什麼都能成功。雖然我原本是個非常缺乏自信的人，不過那時我以為自己已經靠著努力完全克服了。實際上，那是有條件的自我肯定感。

育兒路上有樂也有苦

即使是有條件的自我肯定感，如果身處的環境符合條件，也能感受到相對的幸福。然而，只要環境變得嚴峻一點，就很難維持幸福。若不體貼自己、對自己好一點，就會覺得自己過得很辛苦。

以我為例，就算大學成績再怎麼出色，我還是不太會體貼自己。接著，在邁入結婚、生子、育兒的新階段之際，我也經歷了自信瞬間崩解的辛苦時期。

育兒這件事，無法如父母所想的順利進行。雖然我之前充滿自信，覺得自己什麼事都做得到，但在育兒上，過去的知識和經驗幾乎可說是完全派不上用場。孩子才不管父母的想法，想哭就哭，想要彆扭就彆扭，有時還會突然暴走不受控。身為母親的我經常忙得不可開交，只能思考眼前的事，就連之前能帶給我自信的工作，品質也變得極差。

我不再悠悠從容，也無法傾聽內心求救的呼喊，於是狀況雪上加霜。我的焦慮和孤獨感、無處可逃的憤怒與不滿，竟然就這麼發洩在孩子身上，使我進入了育兒的黑暗期。

放鬆心情享受育兒過程

育兒應當是美好的體驗，不過確實也很辛苦。一般工作都有固定的上下班時間，可以休假放鬆，覺得太痛苦也能選擇離職，努力則能獲得肯定。但是照顧小孩完全是兩碼子事，以上這些事都不可能會發生。一路走來，我從自己的經驗中得到許多體會，知道媽媽們絕對要能體貼自己。

我是很容易努力過頭，把自己逼到極限的人，很需要有個人能讓我在他面前哭泣，傾訴痛苦。所以如果沒有透過和他人的連結互動，釋放一點壓力，我覺得自己就無法繼續下去。

在那個時期，一些媽媽前輩成為我的依靠。因為她們有著滿腹的育兒喜悅與痛苦的經驗，可以提供給我一些很棒的建議，讓我茅塞頓開。

「像小孩一樣哭出來，直接發洩自己的心情也沒關係喔。」

「雖然說你現在是母親，但會不會太過努力了？如果那件事你不會做，那不要做也沒關係喔。」

「我們家的漢堡排，其實是隔水加熱的肉排而已喔。孩子都以為那是媽媽牌的漢堡排（笑）。」

「我跟孩子說，媽媽今天很累，做茶泡飯可以嗎？結果他們一樣很開心喔～」

聽到這些話，真的讓人有一種卸下重擔的感覺吧？在我一一接納這些很棒的建議之際，身體也隨之輕鬆了起來。「教養可以再輕鬆一點，沒關係！」我彷彿得到這樣的允許，感覺變得不再那麼辛苦、疲累了。

不壓抑負面情緒，適時表現出來，就能接納自己的負面情緒。所以，請不要獨自哭泣，而是找個對象傾訴痛苦。如此就能與人產生連結。

所有的媽媽，你們都辛苦了，今天你也很努力喔！請盡量依賴他人，好好重視自己的心吧！

守護小語

媽媽可以傾訴自己的情緒，好好哭出來，依賴他人吧！不用那麼努力照顧孩子也沒關係！

我可以變幸福！

由於工作的關係，我認識了很多女性，覺得她們每個人真的都好努力。為了孩子、先生、父母，為了周圍的人，她們真的是全心地投入。

我也是其中一人，想要努力，事實上也很努力，但不擅於「體貼自己」，覺得要依賴他人、體恤自己很困難。

切斷「有毒」的家庭枷鎖

人為什麼無法體貼自己？或許是感受不到自身的價值，所以無法對自己溫柔，甚至認為沒有權利來滿足自己的心。但是，覺得自己沒有價值這件事就是很大的錯誤，是沒有事實根據的誤解。

我們每個人光是存在於這個世界上，就是值得尊敬的生命，從出生的那一刻起即是如此。很多人自我肯定感低落，是由於在成長環境裡，他們與生俱來的存在價值遭受否定。

在日本，那些讓孩子覺得「自己沒有存在價值」的父母被稱為「毒親」，意思就是對孩子有害的父母。我不太喜歡「毒親」一詞，因為沒有父母是自願成為「毒親」的。他們無法接受原本的自己，無法實現自我價值，結果也讓孩子接受同樣的價值觀。因此他們不得不成為「毒親」，過著無奈的人生。

雖說如此，毒親對孩子造成的負面影響非常大，在這樣的父母養育下，孩子即使長大成人、離開家庭，還是逃不過詛咒。「直到現在，我都會想到我爸或我媽的話：『你做什麼都會失敗！』」，很多人都有這種困擾。

這些人像是深怕觸怒存在於腦海中的母親一般，做事總是顧慮再三。他們無法過著如自己所願的生活，比起自己興奮期待的事，更在意別人怎麼想，總是戰戰兢兢地生活以避免失敗收場。

這種狀態可說是已經放棄讓自己幸福的權利。他們覺得「反正我做什麼都失敗」，於是索性放棄，不想挑戰任何事。比起自己的幸福，他們更盡力使他人幸福，不會想找出自己的存在價值。如此一來，由於他們無法實現自我價值，所以便會希望透過孩子來得到幸福，於是施加壓力給孩子，最終便成了「毒親」，也進而形成了「有毒的家庭枷鎖」。

當然，父母是毒親，不代表孩子長大後為人父母也會是毒親。其實這種「有毒的家庭枷鎖」是能斬斷的，方法就是提升自我肯定感和體貼自己。

體貼自己就像香檳塔，能依序傳遞愛與幸福

若把體貼自己想成一座香檳塔，應該更容易理解。把一只只玻璃杯疊成一座金字塔，最頂端就是你的杯子。請在那只玻璃杯裡注入名為「體貼自己」的香檳，如果一直持續倒入香檳，香檳就會流向下方的杯子，讓整座塔的杯子裡都盛滿香檳。

當你願意體貼自己，對自己好的時候，往下流動的就是「愛」。若是你讓自己

充滿了愛，也能讓周圍的人感受到愛。

有位媽媽生第二胎時，很煩惱該怎麼分配關愛給兩個孩子。她翻找了一些書後，讀到以下這個美好的說法。

「即使迎來新生命，也請跟過去一樣疼愛較年長的孩子。愛就如同河水一般，從高處往下流。若對上頭的孩子注入關愛，他自然就會疼愛弟弟妹妹。」

於是，她特別留意要安排時間跟老大獨處，讓彼此都能感受到愛。結果老大不但沒有為了爭寵而退化成嬰兒行為的情況，反而會說「寶寶好可愛」，想好好疼愛弟妹。

這跟香檳塔的道理相同。只要你讓自己充滿愛，變得幸福，這份愛就會自然流露，傳遞幸福給孩子、家人與周圍其他人。

同理可證，要讓孩子幸福，媽媽一定要先幸福，愛與幸福就是以這樣的方式傳遞下去的，請你牢記在心裡。

你一定可以幸福，你不能不幸福！

後記

認為自己沒用，是錯誤的想法

失去自我價值，原因是出在成長環境

「我希望培養出能自我肯定的孩子」，有這樣的願望很棒。不過，會這麼想的媽媽卻都是不認同自己、不喜歡自己的人。

你一定也發現，愈是沒自信的人，其實比任何人都還要努力，也很優秀、又或可愛。他們明明是會讓其他人羨慕的人，但不管得到再多的讚美，還是會看輕自己。有這樣心態的女性真的很多。

覺得自己沒價值，無法肯定自我，這是錯誤的想法。很多時候，人會看輕自己，原因是出在成長環境。不管再怎麼努力，都得不到讚美；總是被拿來跟其他人比較；

一直被說「很沒用」，所以他們習慣負面思考，也因此，他們就會覺得「如果我不完美，就無法獲得肯定」。

與內心的毒親告別

很努力卻還是做不好時，他們會認為「這是因為我沒有好好做，全是我的錯」。由於成長過程中一直聽到負面批評，所以只要事情不順利，他們就認為是自己的問題。很多人就是在無法改變這種思考習慣下成長為大人的。

不過，這個想法大錯特錯，一定要改變。請跟老在你耳邊徘徊「是你的錯」的聲音道別，也把內心的「毒親」跟自己切割開來，或是置換成能給予你溫柔鼓勵的父母。

透過第二章介紹的「十四堂課」，就能幫助你發現，早已存在你內心「真正的價值」，今後你便能更加珍惜自己、體貼自己。

幸福習慣評量表

最後請再做一次這張幸福習慣評量表。這個結果跟你做十四個課程和體貼自己課程之前，有什麼不同嗎？

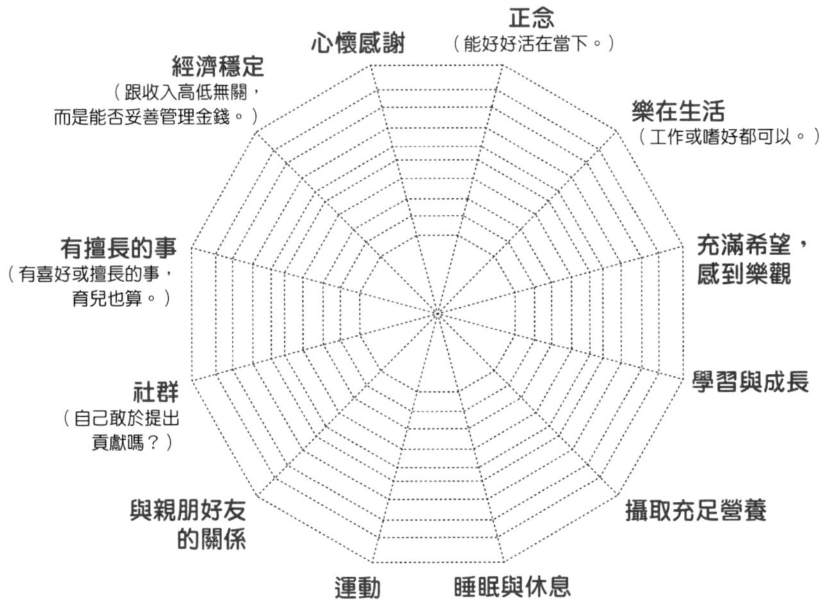

我要當快樂的媽媽，也想成為有價值的自己：讓失去自信與夢想的你，重新找回自我肯定感 / 松村亞里著 ; 李靜宜 譯
-- 初版. -- 臺北市：時報文化出版企業股份有限公司, 2021.04
面；　公分. --（教養生活；66）
譯自：お母さんの自己肯定感を高める本
ISBN 978-957-13-8777-2（平裝）
1. 母親　2. 自我實現　3. 生活指導
544.141　　110003745

ISBN 978-957-13-8777-2
Printed in Taiwan.

教養生活 066

我要當快樂的媽媽，也想成為有價值的自己：讓失去自信與夢想的你，重新找回自我肯定感

お母さんの自己肯定感を高める本

作者　松村亞里｜**譯者**　李靜宜｜**主編**　郭香君｜**責任編輯**　龍穎慧｜**責任企劃**　張瑋之｜**書籍設計**　FE 設計｜**內文排版**　徐美玲｜**編輯總監**　蘇清霖｜**發行人**　趙政岷｜**出版者**　時報文化出版企業股份有限公司　108019 臺北市和平西路三段 240 號 4 樓　**發行專線—**(02)2306-6842　**讀者服務專線—**0800-231-705．(02)2304-7103　**讀者服務傳真—**(02)2304-6858　**郵撥—**19344724 時報文化出版公司　**信箱—**10899 臺北華江橋郵局第 99 信箱　**時報悅讀網—**www.readingtimes.com.tw｜**綠活線臉書—**https://www.facebook.com/readingtimesgreenlife｜**法律顧問**　理律法律事務所　陳長文律師、李念祖律師｜**印刷**　紘億彩色印刷有限公司｜**初版一刷**　2021 年 4 月 2 日｜**定價**　新台幣 320 元｜

時報文化出版公司成立於一九七五年，並於一九九九年股票上櫃公開發行，
於二〇〇八年脫離中時集團非屬旺中，以「尊重智慧與創意的文化事業」為信念。